십자가의 사랑에 사로잡혀

C. J. 매허니 지음 | 홍종락 옮김

십자가의 사랑에 사로잡혀

2006년 5월 30일 · 제1판 1쇄 발행
2016년 7월 15일 · 제2판 1쇄 발행

지은이 · C. J. 매허니
옮긴이 · 홍종락
펴낸이 · 이요섭
펴낸데 · 요단출판사
        07238 서울시 영등포구 국회대로 76길10
편집 · (02)2643-9155
영업 · (02)2643-7290~1   FAX (02)2643-1877
등록 · 1973. 8. 23. 제13-10호
ⓒ 요단출판사 2006

편집기획 | 류정선
교정교열 | 이성준
제   작 | 신상현

정가 7,000원
ISBN 978-89-350-1617-4 03230

이 책의 한국어판 저작권은 요단출판사가 소유하고 있습니다.
출판사의 사전 승인 없이 책의 내용이나 표지 등을 복제, 인용할 수 없습니다.

Originally published in English under the title:
Christ Our Mediator, by C. J. Mahaney
Copyright ⓒ 2004 by Sovereign Grace Ministries
Published by Multnomah Publishers, Inc.
601 N. Larch Street, Sisters, Oregon 97759 USA

All non-English rights are contracted through:
Gospel Literature International
P.O. Box 4060, Ontario, CA 91761-1003 USA

Korean Edition Copyright ⓒ 2006 by Jordan Press
605-4 Yangcheongoo, Moak 3 Dong
Seoul, Korea

Christ Our Mediator

C. J. MAHANEY

요단

니콜, 크리스틴, 재닐, 채드에게

너희들이 내게 큰 기쁨을 주었던 것처럼

주님께서 너희 자녀들을 통해 너희에게 큰 기쁨을 주시기를

추천의 글

"이 책은 십자가의 유익을 찔끔찔끔 맛보는 것과 십자가의 경이로움을 온전히 대면하는 것이 얼마나 다른지 잘 보여준다. 그것은 하나님의 사랑을 받기만 하는 삶과 그 사랑에 사로잡혀 다시 하나님을 사랑하게 되는 삶의 차이며…은혜의 신학을 갖고 있는 것과 은혜의 보좌로 담대히 달려가는 것의 차이다. 이 책은 반드시 읽어야 할 거장의 책이다."
–스카티 스미스, 크라이스트 커뮤니티 교회 담임목사

"C. J. 매허니 목사는 우리의 중보자 되신 예수 그리스도의 역할이 얼마나 은혜롭고 기쁜 일인지 성경을 통해 그리스도인들에게 보여주었다. 예수님이 이 중보사역을 통해 구원과 안전을 제공하신다는 것도 신학적으로 보여주었다. 이 책이 구주와 주님으로서 하나님과 인간 사이를 잇는 유일한 중보자이신 분을 효과적으로 소개하여 불신자들에게 복음을 전하는 도구로도 쓰임 받길 기도한다."
–랜스 퀸, 리틀록 성경교회 목사

"이 책은 우리가 누리고 있는 것을 당연하게 여기는 이 문화에 꼭 필요한 교정책이다. 우리는 은혜에 너무 익숙해져 버렸다. 우리는 은혜에 압도당할 필요가 있다. C. J. 매허니는 이런 우리가 주님과 그분의 십자가를 새롭게 보게 해준다. 나는 이 책을 통해 그리스도께 더욱 가까이 다가갈 수 있었다. 이보다 더한 찬사가 어디 있겠는가?"
-랜디 알콘, 「부자 그리스도인」, 「천국」의 저자

"19세기의 위대한 스코틀랜드 설교자 호레이셔스 보나르는 '거룩해지고 싶다면 십자가로 나아가 그곳에 머물러야 한다'고 말했다. C. J. 매허니의 인도를 따라 십자가로 나가면 참으로 그곳에 거할 수 있다. 이 책은 여러 번 읽고 또 읽어야 할 책이다. 이 책에 담긴 내용은 언제까지나 생생하고 시의 적절할 것이다."
-제리 브릿지즈, 「날마다 1mm씩 자라는 믿음」의 저자

"C. J. 매허니는 순전한 열정으로 예수 그리스도의 십자가를 선포하는 설교자 중 한 명이다. 과장이라곤 찾아볼 수 없는 이 책을 통해 우리는 중보자이신 그리스도 안에서 가장 위대한 보물과 기쁨을 발견하고 그것을 간절히 나누기 원하는 한 사람의 유쾌한 열정을 만나게 될 것이다."
-도널드 휘트니, 「구원의 확신」의 저자

차례 contents

감사의 글 … *10*

여는 글. 신비 헤아리기 … *13*
결코 벗어나지 않는다/ 그 어느 때보다 더욱 실감나게/ 더욱 놀라운/ 천사의 혀에 합당한

1. 하나님의 질서 … *29*
기분이 어떠세요?/ 거의 놀라지 않는/ 첫 번째 질문/ 올바른 순서 정하기/ 십자가, 우선순위가 가장 필요한 자리

2. 하나님의 딜레마 … *45*
나병환자보다 더한/ 하나님의 오만한 대적들/ 만일/ 부르짖음에 대한 응답

3. 하나님의 구원 … *59*
문제를 해결하는 피/ 성경의 열쇠/ 유일한 사람, 유일한 사역/ 우리와 같으면서도 다른/ 더할 나위 없이 좋은 소식

4. 잔 들여다보기 … *75*

죽을 지경/ 뜻밖의 상황/ 우리 죄를 지심이 그분께 어떤 의미가 있었을까?/ 끔찍한 잔/ 천국이 아니라 지옥/ 또 다른 잔

5. 군중 속 당신의 얼굴 … *93*

견딜 힘/ 저항할 수 없는 힘/ 그날 그곳에서/ 우리 손에서

6. 저주받은 자의 절규 … *105*

예언적 조롱/ 무시무시한 암흑/ 더 이상 버틸 힘이 없다/ 진정한 외로움/ 기적

7. 하나님은 이해하신다 … *121*

암울한 시간들/ 비할 수 없는 원천/ 언제나 충분한

8. 확신과 기쁨 … *133*

하나님의 사랑에 대한 확신/ 기쁨을 개발하기

후주 … *146*

감사의 글

이 책에 값진 기여를 한 편집자 토머스 워먹에게 감사하고 싶다. 그 덕분에 "중보자 그리스도"의 영광스러운 진리를 말하려는 나의 시도가 더욱 명확하고 강력해질 수 있었다. 책을 내는 과정을 통해 새로운 친구가 된 그는 경건한 하나님의 종이며, 그의 능숙한 도움이 없었더라면 이 책은 빛을 보지 못했을 것이다.

시간을 내어 원고를 읽어주고 편집상의 조언과 뜻 깊은 격려를 해준 조슈아 해리스, 케빈 미스, 제프 퍼스웰, 저스틴 테일러, 봅 코플린, 브라이언 치즈모어에게 감사의 마음을 전한다.

세상에게 가장 뛰어난 비서 노라 얼스에게도 감사한다.

그리고 이 책을 쓰는 동안 기도로 끊임없이 지원한 커버넌트 라이프 교회 식구들에게 고마움을 전한다. 27년 동안 그들은 내게 가장 소중한 사람들이었고, 그들 덕분에 나는 지구상에서 가장 행복한 목사였다.

나의 특별한 아내 캐롤린도 빼놓을 수 없다. 이 세상에 내가 그녀보다 더 존경하고 사랑하는 사람은 없다.

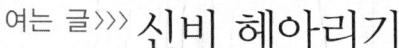

여는 글 >>> 신비 헤아리기

겟세마네를 잊지 않도록

당신의 고통을 잊지 않도록

나를 향한 당신의 사랑을 잊지 않도록

나를 갈보리로 이끄소서.

— 제니 이블린 허시

식당은 한적했고 일찍 저녁을 먹고 있는 몇 안 되는 손님 중엔 데이트를 나온 우리 부부도 있었다. 식당이 상당히 조용했기 때문에 곁의 세 테이블에 앉은 사람들의 대화내용이 일부 들려왔다. 세 테이블 모두에서 멜 깁슨의 영화 "패션 오브 크라이스트"가 화제가 되고 있었다. 그들의 대화를 들으면서 나는 복음증거에 대한 새로운 부담을 느꼈다.

나는 며칠 전에 그 영화를 처음 보았다. 손에 팝콘을 들고 부담 없이 떠들며 극장으로 들어가는 사람들의 모습으로 보아 그들은 이제부터 보게 될 영화의 내용에 대체로 대비가 되어 있지 않은 듯했다. 그런데 일단 영화가 시작되자 객석의 분위기는 금세 달라졌다. 주위의 몇몇 사람들은 눈물까지 흘리고 있었다. 영화가 끝났을 때 천천히 극장을 나서는 사람들은 대체로 말이 없었고, 몇몇 사람들만이 나지막이 대화를 나눌 뿐이었다. 십자가를 장신구 정도로 여기는 문화에 익숙해진 사람들에게 이 영화의 관람은 분명 충격적인 경험이었을 것이다.

수많은 불신자들이 "패션 오브 크라이스트"를 통해 대단히

폭력적이지만 실감나는 이미지들을 목격한 덕분에, 우리 교회와 전세계 그리스도인들에게 수많은 복음증거의 기회가 열렸다. 나는 그 점을 깊이 감사한다.

그러나 이미지는 복음의 내용을 제대로 전달하기에는 부족하다. 복음의 메시지는 시각적인 것이 아니라 진리이다. 쳐다보는 것으로 충분한 이미지 모음이 아니라 믿어야 할 진리이다.

성경의 말씀은 분명하다. 믿음은 들음에서 나며 들음은 그리스도의 말씀으로 말미암는다.[1] 하나님이 구원의 은혜를 약속하시는 방편은 복음의 묘사가 아니라 선포이다.

바울은 갈라디아 교인들에게 "예수 그리스도께서 십자가에 못 박히신 것이 너희 눈앞에 밝히 보이거늘"[2]이라고 말하며 예수님의 죽음을 상기시켰다. 물론 갈라디아 교인들은 그리스도가 십자가에 달리실 때 그 자리에 있지 않았다. 그러나 그 장면은 바울의 복음 전파를 통해 그들에게 생생하고 효과적으로 전해진 터였다.

"패션 오브 크라이스트"는 예수님이 어떻게 죽으셨는지 수

백만의 사람들에게 알려 주는 전례 없는 일을 해냈지만, 그분이 왜 죽으셨는지는 제대로 전하지 못했다. 그래서 나는 다음과 같은 부담을 느꼈다. '바울은 겟세마네의 고뇌, 갈보리의 수난과 죽음 배후에 놓인 진정한 이유들을 당대 사람들에게 설명했다. 그럼 현대의 그리스도인들은 이 영화를 본 사람들에게 그것을 어떻게 설명할 수 있을까?' 이 일은 사람들이 "패션 오브 크라이스트"의 장면들을 떠올릴 때마다 그리스도가 누구시며 왜 그런 일들이 벌어졌는지 충분히 이해할 수 있게 한다는 뜻일 것이다. 그렇지 않고 보다 분명한 신학적 설명 없이 사람들을 방치한다면, 대부분의 사람들에게 영화가 미치는 영향은 피상적이고, 모호하고, 일시적인 것이 될 것이다.

우리는 십자가 배후에 놓인

가장 깊은 이유들을

제대로 이해하고 있는가?

그러나 우리는 십자가 배후에 놓인 가장 깊은 이유들을 제대로 이해하고 있는가? 그렇지 않다면 그것을 어떻게 파악할 수 있을까? 어떻게 하면 하나님의 은혜의 복음을 다른 사람들에게 전하되 효과적으로 전하고 복음의 "측량할 수 없는 풍성함"[3]을 보다 온전히 누릴 수 있을까?

결코 벗어나지 않는다

내가 이전에 쓴 책 「죄와 세상을 이기는 능력, 십자가」의 주제는 복음이 그리스도인들에게 가장 중요한 문제, 곧 모든 것에 우선하여 우리의 삶을 규정하는 마땅한 진리임을 상기시키는 것이었다. 그 책에서 나는 그리스도의 십자가의 복음이 우리의 전 존재와 우리가 하는 모든 일의 중심이 되어야 하는 절박한 이유를 강조했다. 십자가의 복음은 우리를 이끌어 그리스도인이 되게 할 뿐 아니라 기쁨과 열매 맺는 삶을 시작하고 유지하는 데에도 가장 중요한 역할을 하는데, 우리는 이 사실을 너무 자주 소홀히 여긴다. 십자가는 성경 이야기뿐 아니라 우리 삶의 이야기에서도 절정의 위치에 있다.

어떤 성경 주석가는 이를 "우리는 십자가에서 벗어나지 않고 십자가에 대한 더욱 심오한 이해로 들어간다."[4]고 말했다(내가 즐겨 인용하는 글귀이기도 하다). 그렇기 때문에 우리의 관심은 존 스토트가 "가장 위대하고 가장 영광스러운 주제"라고 말한 그리스도의 십자가로 계속해서 되돌아가야 한다.

이 책에서 나는 바로 그 '더 심오한 이해'로 독자들을 안내하려 한다. 그리고 내 영적 스승인 찰스 스펄전의 충고를 따르려 한다. 그는 "십자가에 바싹 붙어 그분의 상처의 신비를 헤아리라"[5]고 썼다.

그리스도의 상처 배후에는 신비가 놓여 있고, 그 신비는 성경에 계시되어 있다. 이 책에서 우리는 겟세마네 동산에서의 고뇌에 찬 기도로부터 십자가에서 왜 자신을 버리셨느냐고 하나님께 호소하는 외침에 이르기까지 우리 구주께서 당하신 고난의 목적을 주의 깊게 살피고 꼼꼼하게 연구할 것이다. 우리는 그분의 고난의 이유와 그 고난으로 이루신 유일무이한 업적을 보다 깊고 자세하게 살펴볼 것이다.

이 책을 여행하는 내내 우리가 성령의 도우심을 받아 십자가에 "바싹"—가능한 한 가까이— 다가가 거기 "붙은 채로" 머물고 그 그늘 아래 거하게 되길 원한다. 서두르지 않고 성경에서 십자가를 찾아 이 사건에 대해 숙고하고 묵상하면서 그리스도의 상처에 깃든 신비를 헤아려 볼 것이다. 우리가 성경 기자들의 손에 이끌려 어떤 영화도 데려다 줄 수 없는 곳으로 나아가게 되기를 바란다.

그 어느 때보다 더욱 실감나게

하지만 머릿속에서 이런 성가신 질문이 고개를 드는 사람도 있을 것이다. 왜 십자가에서 어물쩍거리나? 그리스도인인 우리가 예수님이 우리를 위해 죽으셨음을 믿고 있다면, 그분의 보혈로 값을 치른 구원의 선물을 이미 받아들였다면, 우리의 믿음대로 살아가야 할 더 "성숙한" 문제들에 관심을 기울여야 하지 않을까?

1977년부터 지금까지 내가 섬기고 있는 교회는 복음을 우리가 하는 모든 일의 중심에 두고자 늘 노력했다. 우리는 예수 그리스도와 그가 십자가에 못 박히신 것을 충분히 이해하고, 감사하고, 체험하고 있다고 생각하지 않는다.

최근 나는 우리 교회의 젊은 여성 교우가 보낸 이메일을 받았다. 그녀는 우리가 계속해서 복음을 사모하며 최고의 우선순위로 삼았으면 한다는 나의 말을 처음 듣고 나서 느낀 바를 이렇게 적고 있었다. "나는 그 자리에 앉아 이렇게 생각했지요. … '무슨 말씀이지? 그래. 예수님이 우리 죄를 위해 죽으셨기 때문에 우리가 구원받았지. 그런데 그 다음엔 그리스도인다운 삶의 다른 측면들에 초점을 맞춰야 하는 거 아닌가?'"

그러나 그녀는 우리 교회의 가르침을 통해 중요한 것을 배우게 되었다. "저에겐 외적으로 나타나는 죄(가혹한 말, 불평 등)보다 더 깊은 문제가 있음을 깨달았습니다. …제 마음의 죄와 뿌리에 놓인 동기를 배웠지요. …어느 날 차를 타고 도로를 내려가는데 하나님이 제 눈을 열어주셨습니다. 그때 저는 제 자신이 속속들이 비참한 죄인임을 깨닫게 되었어요. 지금도 그 순간이 생생하게 떠오릅니다. 바로 이어 저는 '이제 어떻게 해야 하나?'라고 생각했습니다."

그는 예수 그리스도께서

돌아가신 것이

어제 일인 것처럼 살았다.

"그리고 그 순간, 그렇기 때문에 예수 그리스도께서 오셔서 저를 위해 십자가에 죽으셨다는 사실을 분명히 깨달았습니다. …저는 큰 소리로 웃고 내게 이렇게 말했습니다. '오 하나님, 당신만이 제가 얼마나 비참한 죄인인지 보여주시고, 그것을 가장 멋진 소식으로 바꾸실 수 있습니다!' 예수님의 희생의 진리가 그 어느 때보다 더욱 실감나던 순간이었습니다."

루터는 예수 그리스도께서 돌아가신 것이 어제 일처럼 느껴진다고 말한 바 있다. 이 책에서 접하게 될 내용을 통해 당신도 이와 같이 느끼게 되길 바란다. 십자가에 대한 이해와 감사를 키우고 지상에서 살아가는 동안 예수님의 죽음을 마치 어제 일어난 일처럼 점점 더 생생하게 느낀다면, 하나님의 은혜에 더욱 놀라고 감격하게 될 것이다.

그때 비로소 우리는 끊임없는 열정으로 하나님의 은혜를 더 깊이 이해하고 체험하게 될 것이다.

더욱 놀라운

최근 또 다른 사람의 감사 편지를 받았는데 그의 편지는 이런 문장으로 끝맺고 있었다. "저는 복음의 능력에 거듭거듭 놀라고 있고 구주를 더욱 사랑하게 되었습니다. 제가 어떤 형벌에서 구원받았는지 믿을 수 없을 지경입니다."

복음의 능력에 거듭거듭 놀라고 있다. 당신은 스스로에 대해서도 그렇게 말할 수 있는가?

그렇지 않다면…무엇이 변화를 불러올 수 있을까? 무엇이 하나님의 복음과 그분의 은혜를 더욱 깊이 이해하게 하고 한결같은 놀라움을 느끼게 할까? 어떻게 하면 바쁜 생활 속에서 더 많이 감사하고 구주를 향한 열정에 불타오르며…미지근함과 활기 없는 모습을 떨쳐버릴 수 있을까?

나의 경우엔 십자가를 열심히 바라볼 때 은혜가 가장 놀랍게 다가왔고, 모든 하나님의 자녀 역시 마찬가지일 거라고 생각한다. 주변적인 것과 잘못된 생각들을 모두 치우고 어린아이 같은 집중력과 경이감으로 갈보리 산을 오르는 것보다 더욱 영혼을 압도하고 사로잡는 일은 없다.

우리의 참 목자께서는
친히 당하신 극심한 고통을
우리가 깊이 들여다볼 수 있게
해주실 것이다.

이것이 바로 이 책의 목표이다. 우리의 참 목자께서는 친히 걸어가신 유일한 의의 길을 우리에게 보여주시고 그로 인해 당하신 극심한 고통을 우리가 깊이 들여다볼 수 있게 해 주실 것이다. 그것은 우리가 앞으로 지나게 될 그 어떤 사망의 음침한 골짜기보다도 한없이 어두운 고통이었지만, 그분의 고통을 더 깊이 이해할수록 우리의 기쁨과 열정은 더욱 커질 것이고, 하나님이 우리의 성화 과정 속에 허락하시는 시험들을 감당할 수 있게 될 것이다.

천사의 혀에 합당한

더 나아가기 전에 개인적으로 고백할 것이 있다. 평소에도 나는 여러 가지 영역에서 참으로 무능하고 부족하지만, 그리스도의 수난과 그 의미에 대해 가르치고 설교할 때면 나의 부족함을 더욱 절실히 깨닫게 된다. 그 특권을 귀하게 여기면서도 그럴 때마다 몸도 마음도 그 일을 감당할 수 없음을 여실히 느끼게 된다. 그래서 나는 이 메시지를 전할 때마다 하나님의 능력을 의지해야 함을 인정하고 우리의 약함 가운데서 자신의 강함을 온전케 하시는 그분을 분명하게 신뢰한다.

우리 하나님은 선하시고 은혜로우시고 자비하시며 그 아들에게 영광을 돌리시고 자기 백성을 일으켜 세우길 갈망하신다. 우리가 하나님에 대한 믿음과…성령의 인도하심에 이끌려 함께 갈보리 산에 올라 그곳에서 실제로 있었던 일과 그

배후에 놓인 놀라운 이유들을 더욱 깊이 이해하게 되면 당신도 나처럼 눈물을 주체하지 못하고 말할 수 없이 즐거운 감사를 하게 될 것이라 확신한다.

스펄전은 십자가를 두고 이렇게 말했다. "십자가는 천사의 혀에 합당한 주제이다. 오직 그리스도 그분만이 그것을 온전히 설명하실 수 있다."[6] 나는 이 주제의 무한한 가치와 부요함에 대한 이 설교의 황제의 말에 겸손하게 동의한다. 하나님이 "그분의 성령으로 십자가의 진리를 당신에게 설명해 주시길 간구하며" 짧은 기도를 덧붙이고 싶다.

독자가 성령의 사역에 더욱 의지하도록 돕기 위해 나는 이 책의 각 장 끝부분마다 기도문을 적었다.

주님 이 책을 읽는 것이

정신 훈련에 그치지 않도록 해주소서.

이 책에 담긴 메시지를 통해 내가 당신의 임재를

새롭게 체험할 수 있도록 내 마음을 준비시켜 주소서.

당신의 은혜의 놀라움을 보다 깊고 일관되게

맛볼 수 있도록 내 영혼의 필요를 채워 주소서.

내게 열정의 불을 붙이시고…감사로 사로잡으소서.

1》》 하나님의 질서

아, 사람들이 감정을 다룰 줄 몰라 벌어지는 상황이여,

세상은 엉망진창, 비극과 불행과 비참한 일들이 보이네!

― D. 마틴 로이드 존스

나는 어릴 때부터 운동을 즐겼는데 특히 농구를 좋아했다. 작년에 오십대에 접어들었지만 젊은 친구들이나 같이 운동하는 사람들에게는 내가 "아직도 전성기"라고 말한다. 나는 내 민첩함과 멋진 3점슛이 젊은 시절과 다름없다고 주장하지만 그들의 눈을 보면 내 말에 동의하지 않음을 알 수 있다.

하지만 젊은 시절과 비교해 볼 때 특별히 달라졌다고 인정할 수밖에 없는 것이 한 가지 있다. 경기 전 준비운동의 중요성을 더 분명히 인식하게 된 것이다. 오랜 경험을 통해 나는 근육이 준비가 되었을 때 몸이 가장 잘 움직인다는 것을 알게 되었다.

이 못지않게 영혼과 정신의 근육도 준비운동이 필요한 경우가 많은데 이 책의 경우엔 특히 그렇다. 겟세마네와 갈보리를 깊이 체험하는 힘든 영적 운동에 돌입하기 전에 우리의 영혼과 정신의 근육을 유연하게 할 필요가 있다. 그래서 감정의 문제 전체와 우리의 감정이 현실관에 미치는 영향, 그리고 우리가 현실에 반응해 사는 모습을 살펴보고자 한다. 이것은 꼭 필요한 과정이다. …이 과정이 제대로 이루어진다면 이 책은 당신에게 전혀 다른 의미로 다가올 것이다.

십자가로 인해 우리 마음이 감동을 받고, 매혹당하고, 참으로 놀라기 원한다면…먼저 감정을 제 위치에 놓아야 한다. 이제 잠시 속도를 줄이고 진리에 근거한 생활과 생각을 위한 하나님의 질서(우리에겐 이 질서를 무시하는 악한 성향이 있다)를 묵상해 보자.

기분이 어떠세요?

많은 사람들이 얼마나 철저하게 그날 기분에 따라 사는지, 얼마나 집요하게 자신의 감정에 초점을 맞추는지 생각해 본 적이 있는가? 평소에 당신은 당장의 기분에 따라 결정하고 현실을 평가할 때가 얼마나 많은가?

이 책을 읽는 과정을 예로 들어보자. 당신은 벌써 이 책 여기저기 나오는 말들을 보고 이 말에 어떤 기분이 드는지 따지고 있을 것이다. 당신은 스스로의 반응을 의식하지도 못한 채 주관적 감정에 따라 내 말을 평가하고 있는 것이다.

그러나 당신만 그런 것은 아니다.

우리 모두는 습관적으로 내적인 것, 주관적인 것, 체험적인 것에서 출발해 그 감정과 인상을 척도로 삼아 객관적인 사실을 판단하는 경향이 있다. 진리로 감정을 변화시키는 대신 감정에 이끌려 무엇이 옳은지 판단하는 것이다.

우리는 주관적인 인상을 척도로 삼아
객관적인 사실을 판단한다.

우리 대부분의 경우, 이것은 책을 읽거나 설교를 들을 때만 해당되는 상황이 아니다. 거의 매순간 취하는 근본적인 사고방식인 것이다. 이것이 우리가 사는 방식이고, 우리는 일상적인 선택의 근거조차 "이건 느낌이 좋아"나 "이건 느낌이 안 좋아"라는 식으로 설명한다.

우리가 이런 태도에 길들여진 것은 우리의 죄와 우리가 속한 문화 때문이다. 우리의 문화는 "마음"을 따라 기분이 좋아지는 일을 하라고 끊임없이 우리를 부추긴다. 그리고 우리에겐 끊임없이 기분이 좋을 자격이 있다고 아첨을 해댄다.

우리의 감정이 언제나 현실을 충실하게 반영한다면 그 감정을 따라가도 무방할 것이다. 그러나 현실은 그렇지가 않다. 대체로 감정은 현실을 보지 못하는 커다란 맹점을 가지고 있다. 그래서 변하기 쉽고 변덕스러울 뿐 아니라 아침식사 때 커피를 쏟거나 출근길의 교통정체, 동료의 비꼬는 말 등 수많은 영향력에 너무도 쉽게 좌지우지된다. 한마디로 감정은 신뢰할 수 없다.

거의 놀라지 않는

신앙에 있어서도 우리는 분명한 객관적 진리가 아니라 자신의 감정을 지침으로 삼는다. 우리는 하나님께 더 많은 "체험"을 구하고, 하나님이 그것을 허락하시면 그분의 진리를 인정하고 믿겠노라고 장담한다. 그러나 이런 태도에는 비극적인 결과가 따른다. 그 중 하나는 십자가와 십자가가 드러내는 죄인들을 향한 하나님의 은혜로우심에 거의 놀라지 않는 것이다.

공예배에서도 같은 일이 자주 벌어진다. 다른 성도들이 우리 대신 죽으신 예수님께 깊은 감사의 찬양을 부르는 시간에, 우리는 오늘 아침엔 "열정"이 느껴지지 않아 구주께 바치는 찬양에 진정으로 동참할 수 없다고 느끼는 것이다.

성경을 펼칠 때도 똑같은 일이 벌어질 수 있다. "구속"(救贖), "구주", "복음", "의롭게 된" 같은 단어들이 들어있는 구절들이 펼쳐진다. 그러나 그 단어들이 우리에게 별다른 감흥을 주지 않으면 별생각 없이 그 구절을 넘기고 마음에 불을 붙여줄 다른 구절을 찾아 책장을 뒤적인다. 열정이 빨리 생겨나지 않으면…성경읽기 자체를 그만둘 수도 있다. 따지고 보면 정신적 수고를 감수하면서까지 성경을 주의 깊게 열심히 읽고자 하는 사람이 누가 있는가? 성경을 공부하는 데 시간을 낼 수 있는 사람이 누가 있는가? 묵상할 시간은?

건방지게도 우리는
우리의 감정에

최종권위를 부여한다.

이것은 매우 심각한 상황이다. 우리는 우리의 감정이 불안정하고 신뢰할 수 없고 이기심과 교만에 사로잡히기 쉬우며 진짜처럼 "느껴지는" 거짓투성이임을 인식하지 못한 채 건방지게도 그 감정(혹은 감정의 부재)에 최종권위를 부여한다.

나는 사람들이 그런 거짓에 거듭해서 넘어가는 것을 보았다. 자신의 느낌이 성경의 분명한 말씀보다 훨씬 권위 있다고 당당하게 주장하는 사람과 자리를 함께하는 건 그야말로 끔찍한 경험이다. 어찌된 일인지 그들은 하나님이 그런 태도에 공감하신다고 생각한다. 하지만 그렇지 않다. 하나님은 그러한 태도를 오만방자함의 극치로 보실 것이다. 그리고 그분은 교만한 자를 한결같이 대적하신다.

첫 번째 질문

그것은 나쁜 소식이다. 그러나 좋은 소식도 있으니 하나님은 겸손한 자에게 은혜를 주신다.[1] 겸손한 자가 누구인가? 겸손한 자는 하나님의 말씀에 나오는 객관적 진리를 대하고 나서 자신의 기분이 어떤지 묻는 대신 이렇게 말한다. "나는 주관적인 것들과 체험적인 것들을 내 믿음의 지침으로 삼지 않겠다. 대신 나는 하나님 앞에서 내 기분과 상관없이 하나님의 말씀의 객관적인 진리를 믿겠다"고 고백한다.

> 진리에 초점을 맞추면
> 감정이 뒤따르는 것을 보게 될 것이다.
> 그것은 진리에 닻을 내린 감정이다.

성경 교사 D. 마틴 로이드 존스[2]는 이런 경고를 한 적이 있다. "자신의 감정에 지나치게 집중하는 실수를 피하라. 무엇보다, 자신의 감정을 중심에 놓는 끔찍한 오류를 피하라."

그는 이러한 실수를 저지르는 사람은 "불행할 수밖에 없다"고 덧붙인다. "하나님이 친히 정하신 질서"를 따르지 않았기 때문이다.

그러면 그 질서란 과연 무엇일까? 로이드 존스는 우리에게 다음과 같은 사실을 상기시킨다.

"성경에 있는 것은 진리이다. 그것은 감정 흥분제가 아니다. …우리가 진리를 이해하고 그것에 복종할 때 감정은 따라온다." 먼저 진리에 초점을 맞추면 감정이 뒤따르는 것을 보게 될 것이다! 그 감정은 믿을 만하다. 진리에 닻을 내리고 있기 때문이다. 이것이 하나님이 정하신 질서이다.

이어서 로이드 존스는 심오한 적용을 시도한다. "나는 내가 어떻게 느끼는지를 첫 번째로 물어서는 안 된다. '내가 그것을 믿는가?'를 먼저 물어야 한다."

올바른 순서 정하기

그의 말이 참으로 옳다. 그것은 자신의 감정을 절대 고려하지 않겠다는 뜻이 아니다. 감정을 진리 판단의 출발점으로 삼지 않는다는 것뿐이다. 자신이 무엇을 참으로 믿는지 결정하는 것이 출발점이 되어야 한다. 그렇지 않으면 결국 감정적

경험적으로 자신을 속이게 된다. 깊고 심오한 감정은 성경을 올바로 이해하고 믿고 올바로 예배할 때 필연적으로 찾아오는 결과이기 때문이다.

성경 말씀을 읽고 묵상하고 진지하게 생각했으면 그 내용을 믿고 받아들이라. 그러면 결국 그것을 참으로 체험하고 그 영향을 느끼게 될 것이다. 성경 안에는 마음을 변화시키는 진리가 있지만 느낌을 우선시해서는 그것을 느끼지 못할 것이다.

진리를 알고 전심으로 믿을 때, 결국 진리를 확실하게 체험하게 될 것이다. 그러나 자신의 감정을 무엇보다 먼저 신뢰하고 높이고 최종권위를 부여한다면, 그 때문에 감정의 기복에 끊임없이 휘둘리며 살게 될 것이다.

내 말을 오해하지 말라. 감정을 완전히 무시하라는 말이 아니다. 조나단 에드워즈가 "종교적 정서"(religious affections)라 부른 하나님을 향한 설레는 열정, 진정한 영적 체험을 비판하는 것도 아니다. 오히려 그와 정반대이다! 나는 진정한 영적 체험과 종교적 정서를 열렬히 지지하는 사람이다. 다만 그것이 출발점이 되어서는 안 된다고 말하는 것뿐이다. 감정은 실재에 대한 올바른 반응에 포함되는 필수적인 부분이지만 그것 자체가 실재를 결정하게 해서는 안 된다.

한 가지 물어보자. 당신의 믿음은 어디를 향하고 있는가? 당신의 믿음은 무엇을 의지하고 있는가? 당신의 감정 상태인가…아니면 하나님의 말씀과 성령께서 계시하시는 객관적 실재인가? 성경의 진리가 선포되는 것을 보거나 들을 때, 당신의 영혼 안에서는 어떤 대화가 이루어지는가? 당신의 첫 번째 반응은 무엇인가?

만약 그것이 자신의 기분을 살피는 것이라면, 앞으로도 그것을 모든 일의 최종 판단 기준으로 삼을 것인가? 아니면 이제 하나님의 증거를 신뢰하고 성경의 진리를 만날 때 '내가 이 말씀을 믿는가?'를 먼저 물을 것인가? 두 번째 선택만이 감정의 변화를 이루고…이전에는 결코 체험하지 못한 주님에 대한 사랑과 흠모를 누리게 하는 믿을 만한 방법이다.

십자가, 우선순위가 가장 필요한 자리

하나님의 질서의 출발점은 우리가 아니라 하나님이다. 언제나 하나님과 그분의 객관적인 진리를 우리의 감정보다 우선시해야 한다. 이 책에서 우리는 그렇게 우선순위를 바로잡고 십자가에 다가갈 때 값진 결과를 얻을 수 있을 것이다. 십자가는 인간역사의 요체이고 중심이다. 하나님의 진리는 헤아릴 수 없을 만큼 놀라운 실재를 보여주는데 그것에 대해서는 나중에 다시 다룰 것이다.

어느 주일 오전, 찰스 스펄전은 잉글랜드 동부 한 시골교회의 설교요청을 받아 그곳으로 가게 되었다. 강단 뒤에는 역시 설교자인 그의 할아버지가 앉아 있었다. 스펄전은 에베소서 2장 8절, "너희는 그 은혜에 의하여 믿음으로 말미암아 구원을 받았으니 이것은 너희에게서 난 것이 아니요 하나님의 선물이라"를 본문으로 말씀을 전했다.

스펄전이 이 영광스러운 은혜의 복음을 주의 깊게 설명하는 동안 그는 이따금씩 뒤에서 들려오는 할아버지의 격려의 음성을 들었다. "좋아! 좋아!" 한번은 할아버지의 음성에 부드러운 재촉이 실리기도 했다. "그 얘기를 다시 해주려무나, 찰스."

그리고 물론 스펄전은 그 얘기를 다시 했다.[3]

당신은 은혜의 복음과 그리스도의 십자가의 기본 진리를 알고 있을 것이다. 그러나 이 책은 스펄전의 조부가 말한 지혜로운 충고를 따라 그 놀라운 일들을 이전보다 더욱 분명하게 다시 보고 들을 기회를 제공한다. 그로 인해 우리는 하나님의 은혜에 그 어느 때보다 놀라게 될 것이다.

아버지, 자기중심성과 주관성의 노예로 있던

내 눈이 자유를 얻게 하시고

위로 바깥으로 향하게 하사

객관적인 진리를 보게 하소서.

자아도취적 오만함에서 벗어나 당신께로 향합니다.

그 오만함을 용서받기 위해.

당신과 당신의 말씀을 믿겠습니다.

당신만이 홀로 고귀하시니.

내 믿음을 굳건하게 세워주시고

내 마음과 뜻과

목숨과 힘을 다하여

진실로 당신을 사랑하도록 내 감정을 변화시키소서.

2>>> 하나님의 딜레마

인간은 죄 때문에 하나님과 대립되고

하나님은 거룩하심 때문에 인간과 대립된다.

— J. I. 패커

그날 아침 스타벅스는 붐볐다. 나를 포함한 손님들이 계산대 앞에 두 줄로 늘어서 있었다.

내가 커피를 주문할 차례가 되자 젊은 점원이 미소를 지으면서 말했다. "어떻게 지내세요?"

내가 그 흔한 질문에 답하는 방식은 한 가지였다. 그것은 매일 나 자신에게 복음을 전하는 방법이기도 하고, 가끔은 다른 사람들에게 복음을 전할 효과적인 계기가 되기도 했다. 그날 아침 스타벅스에서도 나는 같은 대답을 했다.

"과분하게 지냅니다."

즉시 점원은 나의 자기평가에 문제를 제기했다. 나의 자존감이 턱없이 낮은 게 아닌가 하는 동정과 우려에서 나온 반응이었던 것 같다. 하지만 내가 그의 충고를 받아들이지 않자 약이 오른 듯했다. 마침내 그가 이렇게 따졌다. "사람을 죽이기라도 했나요?"

나는 말했다. "아닙니다. 아니요. 아무도 죽이지 않았습니다." 그러나 나는 계속해서 내 죄가 얼마나 심각한지 말했다. 그 짧은 순간에 나는 그에게 인간의 악함에 대한 교리를 소개

할 수 있었다.

나병환자보다 더한

   대화 도중 나는 오른쪽을 쳐다보았다. 옆줄에 선 여성이 디카페인 커피를 추천한다는 듯한 표정으로 나를 쳐다보고 있었다. 그곳에 있는 사람들 전부가 내 말을 듣고 있는 듯했다.

   나는 점원에게 마지막으로 이렇게 말하며 눈물을 쏟을 뻔했다. "나는 죄인입니다. 그리고 구주가 필요합니다." 그 말은 진심이었다.

   대화는 아주 짧았다. 그 순간이 끝나자 주위 사람들은 서서히 방금 일을 잊고 이전의 관심사들로 생각을 옮기는 듯했다. 슬프게도 자신들에게도 구주가 필요하다는 사실을 알지 못한 채. 하나님이 그들의 심장 박동을 허락하심이 참으로 헤아릴 수 없는 기적임을 알지 못한 채.

   하나님의 눈에 우리의 죄가

어떻게 보일지 생각할 때,

우리가 어떻게 아직도 여기에 살며

숨을 쉬고 있는지 묻지 않을 수 없다.

R. C. 스프라울에 따르면, 가장 어려운 신학적 질문은 '이 세상에 왜 고통이 있는가?'가 아니라 '왜 하나님이 악한 우리를 참으시는가?'이다. 우리를 창조하신 의롭고 거룩하신 하나님의 순결한 눈에 우리의 죄가 어떻게 보일지 생각할 때, 우리가 어떻게 아직도 여기에 살며 숨을 쉬고 있는지 묻지 않을 수 없다. 하나님의 자비는 참으로 놀라운 신비이다.

누가는 예수님이 "예루살렘으로 가실 때" 열 명의 나병환자를 만난 이야기를 들려준다. 그들은 멀찍이 서서 자신들을 불쌍히 여겨달라고 간청했다.[1] 그들이 처한 상황을 생각해 보면 그들의 절박한 외침을 쉽사리 이해할 수 있다. 그러나 우리의 본질적인 상태는 나병보다 훨씬 더 심각하다. 그날 아침 나는 스타벅스에서 나병환자들에게 둘러싸여 있었다.

그들은 지금까지 알려진 어떤 나병이나 암, 바이러스보다 더욱 끔찍하고 혐오스러운 잠행성 영적 질병을 타고난, 나와 같은 나병환자들이었다. 그러나 우리는 우리가 직면한 끔찍한 상황을 좀처럼 이해하지 못하고, 하나님이 그 상황에 맞서기 위해 우리 대신 하신 일을 깨닫고 놀라는 일은 더더욱 없다.

놀라움을 뜻하는 영어단어 amazement는 당황하여 어찌할 바를 모르는 상태, maze와 연관이 있다. 그러나 불신자들에게 "하나님이 당신을 사랑하십니다"라고 말하면 그들은 놀라지도, 충격을 받지도, 당황하지도 않는다. 안타깝지만 많은 복음주의자들의 경우도 별다를 바가 없다. 하나님의 은혜로운 성품을 당연하게 여기기 때문이다. 우리가 하나님의 관점에서 자신의 상태를 보다 온전히 보기 전까지 우리의 이런 모습은 계속될 것이다.

하나님의 질서에 따르려면 우리 자신이 아니라 하나님으로부터 출발해야 하고, 하나님으로부터 출발한다는 것은 그리스도의 죽음 앞에서 하나님의 눈으로 우리의 상태를 이해한다는 뜻이다.

우리의 상태는 하나님께 커다란 딜레마였다.

하나님의 오만한 대적들

바울은 디모데에게 보낸 첫 번째 편지의 서두에서 이 딜레마를 소개한다. 그는 하나님이 "영원하신 왕 곧 썩지 아니하고 보이지 아니하고 홀로 하나이신 하나님"이라고 말한다.[2] 영원하신 왕이신 하나님은 시간을 초월하는 절대주권자이시다. 썩지 않는 하나님이시니 없어지거나 파괴되거나 죽지 않으신다. 보이지 않으신다는 말은 다가갈 수 없는 빛 가운데 거하시기 때문에 어떤 죄인도 그분을 보고 살 수 없다는 뜻이다. 더구나 그분은 경쟁상대가 없는 홀로 한분이신 하나님이다.

바울은 이러한 하나님의 모습과 정반대되는 인류의 상황을 디모데에게 이렇게 소개한다.

"불법한 자와 복종하지 아니하는 자와 경건하지 아니한 자와 죄인과 거룩하지 아니한 자와 망령된 자와 아버지를 죽이는 자와 어머니를 죽이는 자와 살인하는 자며 음행하는 자와 남색하는 자와 인신 매매를 하는 자와 거짓말하는 자와 거짓 맹세하는 자와 기타 바른 교훈을 거스르는 자."[3]

이것이 성경이 보는 인류의 상태이다. 단 한 사람도 예외는 없다.

바울은 자신도 예외로 여기지 않고 하나님의 "비방자요 박해자요 폭행자"라고 고백한다.[4] 그는 심지어 자신을 죄인 중에 "괴수", 최악의 죄인, 우두머리 죄인이라고까지 말한다.[5]

**하나님은 죄를 못 본 체하거나
너그럽게 봐줄 수 없는 분이다.**

하나님의 딜레마가 생겨나는 이유는 그분이 인류의 이 모든 죄악상에 무심하지 않으시기 때문이다. 그분은 의로우시고 모든 죄를 무섭게 대적하시는 분이다. 그분은 죄를 못 본 체하거나 너그럽게 봐줄 수 없는 분이다. 그분은 거룩하고 의로우신 분이기에 죄를 벌하고 죄인을 처벌하실 수밖에 없다.

우리의 사법제도에서도 사람들의 잘못을 못 본 체하고 "그냥 용서하는" 판사는 금세 판사직에서 쫓겨날 것이다. 하나님은 의로우시기에 불의한 죄를 처벌하셔야 마땅하다.

그러나 바울이 알려준 바와 같이, 하나님은 "모든 사람이 구원을 받으며 진리를 아는 데에 이르기를 원하"[6]신다.

그런데 하나님이 어떻게 죄인을 구원하실 수 있을까? 의로우신 하나님은 죄에 대항하시지만 죄는 모든 인간의 마음 구석구석에 도사리고 있다. 바울의 표현을 빌자면 우리 모두는 "불법한 자와 복종하지 않는 자"이다. 정도 차가 있을 뿐, 우리 모두는 바울이 자신을 묘사한 모습과 다르지 않다. 우리는 하나님의 "오만한 대적"이다.

참으로 벗어날 길 없는 곤경이다! 거룩하신 하나님은 죄에 맹렬하게 진노하실 수 있을 뿐이니 그 죄가 완고하고 본질적인 악일 때는 오죽하겠는가! 하나님이 어떻게 그분에 대한 노골적인 적대감에 사로잡힌 자들을 용서하시고 관대함을 베푸시고 구원하시고 그들과 화해하실 수 있겠는가?

어떻게?

만일

욥기에는 인간의 시각에서 괴롭게 바라본 이 딜레마와 하나님이 제공하실 해결책에 대한 힌트가 담겨 있다.

욥은 고통 한가운데서 하나님의 거룩하심을 또렷이 인식하고 자신의 고난이 하나님이 내리신 심판이 아닐까 두려워한다. 욥은 그러한 인식 하에 이렇게 부르짖기도 한다. "사람이 어떻게 하나님 앞에서 의로울 수 있겠는가?" 결국 그는 하나님이 "나처럼 사람이 아니시므로 내가 그에게 대답할 수도 없고 우리가 법정에서 서로 맞설 수도 없다"는 것을 안다.[7]

절망에 사로잡힌 욥은 다음과 같은 절박한 갈망을 토해낸다.

만일 우리 사이에 손을 얹고
중재할 자가 있다면,
하나님에 대한 두려움으로 내가 더 이상 놀라지 않도록
내게서 그분의 채찍을 거둬줄 자가 있다면.[8]

참된 현실 속에서

당신과 나는 죽기 일보직전이지만

아무런 소망이 없어…

중보자를 구하며 부르짖을 뿐이다.

만일…만일 고통 받는 인간과 거룩하신 하나님 사이를 중재할 자가 있다면. 그런 중재자, 그런 중보자는 참으로 양측 모두에게 손을 얹을 수 있을 것이다. 그러면 나는 어떻게든 하나님의 심판이 주는 두려움에서 벗어날 수 있을 것이다. 욥은 인류와 하나님 사이의 넘을 수 없는 간격을 분명히 보았지만 그러면서도 그 불가능한 거리를 건널 수 있는 중재자를 상상했다.

욥의 처지를 공감할 수 있겠는가? 하나님의 딜레마라는 참된 현실 속에서 인간인 당신과 내가 바로 그와 같은 상황에 처해 있다. 거룩하신 주님의 의로운 진노 아래 죽기 일보직전이지만 아무런 소망이 없어…중보자를 구하며 부르짖을 뿐이다.

부르짖음에 대한 응답

오늘날엔 사업과 법률분야에서 중재과정을 많이 볼 수 있다. 중재는 흔히 양측이 서로에게 피해를 입었거나 그럴 위험이 있다고 느끼고 대립하면서 중립적인 제3자를 통해 문제를 해결하려는 의지를 보일 때 이루어진다. 이 중립적인 중보자 또는 중재자는 양측 모두의 불만을 해소하는 화해와 합의를 기대하며 양측 사이의 협상을 감독한다.

이 그림은 하나님과 인류 사이에 필요한 중재와는 전혀 다르다.

두 가지 상황 모두 반대되는 양측이 있는 것은 사실이다. 그러나 하나님과 인간 사이의 대립에서는 한쪽만 마음이 상했다. 하나님은 상대측에 의해 극심하고 모질게 괴로움을 받으셨다. 그분은 하등의 잘못이나 허물없이 온전히 결백하시다.

상대측(모든 인류)은 부정할 수 없이, 절대적으로, 완전히 유죄이다. 그러나 이들에겐 화해할 마음이 전혀 없고 오히려

상대측에게 적극적인 적대행위를 하고 있다. 그에 반해, 하나님은 능욕하는 자들과 화해하는 데 온전히 투신하고 계신다.

이 곤경을 보다 분명히 보게 될 때…죄를 깨닫게 하시는 성령의 사역에 힘입어 하나님께 우리가 얼마나 크게 잘못했는지 깨닫고 느끼기 시작할 때…우리는 "우리 사이에 손을 얹을" 중보자를 향한 욥의 갈망에 쉽사리 공감할 수 있다.

그런데 우리 모두에게 믿기 어려울 만큼 좋은 소식이 있다. 욥의 절박한 부르짖음이 응답되었다는 것이다. 하나님과 인류 사이를 중재할 존재가 분명히 있다. 우리 사이에 손을 얹을 존재가 분명히 있다.

아버지 하나님이 두렵고 맹렬하게 거룩하시니
감사합니다.
그것을 타협하거나 무시할 수 없으니 감사합니다.

당신을 향한 내 잘못의 무게를 인식합니다.
당신의 거룩하심과 내 죄악 사이의

건널 수 없는 간격을 당신 앞에서 인정합니다.

이제, 중보자를 찾는 욥의 부르짖음이 내 마음에도 울리나이다.

3>>> 하나님의 구원

인간이 홀로 진 빚이나

그 빚이 너무나 커서

하나님만이 갚으실 수 있네.

— 안셀름

친구 목사가 소녀 "자해 환자"와 상담을 한 후 그 잊지 못할 사연을 편지에 적어 보내왔다.

친구의 편지에 따르면 상담을 먼저 요청한 사람은 소녀의 어머니였다. "그녀는 맏딸이 그해에만 네 번이나 응급실 신세를 졌다고 말했네. 세 번은 자해 상처가 깊어 꿰매야 했네. 한 번은 수면제 한 병을 몽땅 삼켰다가 겨우 목숨을 건지고 십대 정신병동에 수용되었지. 그런데 집으로 돌아와서 다시 팔을 자해한 걸세." 친구 목사는 소녀를 만나보기로 했다.

문제를 해결하는 피

다음날, 상담을 요청한 여성의 딸이 그의 사무실로 들어왔다. 친구의 편지는 상담이 어떻게 진행되었는지 설명하고 있다.

소녀는 손끝까지 소매가 내려오는 커다란 터틀넥을 입고 있었네. 잠시 부드러운 질문과 대답이 오간 후, "자해"로 화제가 넘어갔지. 소녀는 스스로에게 화가 나거나 다른 사람의 잘못에 화가 나면 자해를 한다고 하더군. 그렇게 하면 긴장이 해소된다는 거야. 피가 나는 상처를 치료받으며 다른 문제들로부터 벗어나는 거지.

그녀는 소매를 걷고 팔을 보여주었는데 그 장면은 잊지 못할 것 같네. 그 영상은 며칠 동안 내 머리에서 떠나지 않았고 그때를 떠올릴 때마다 고통스러웠네. 내가 무엇을 할 수 있었겠나? 성경적 상담에 대해 내가 아는 거라곤 사람들을 위해 기도하고 복음을 들려주는 게 전부였거든. 복음에 대한 사소한 오해가 사람들의 삶에서 아주 큰 문제를 낳을 수 있는 듯하네.

친구 목사는 종이 한 장을 꺼내들고 소녀를 위해 복음을 설명하는 그림을 그렸다. 그는 피가 실제로 "문제를 해결"할 수 있는 건 사실이지만 그 피가 "그녀의 피일 필요는 없고 그녀 대신 이미 피를 흘린 사람이 있다"고 말했다. 성령께서 비추임을 허락하셨고 그녀는 복음을 받아들이는 기도를 드렸다.

그는 그 피가

그녀의 피일 필요는

없다고 말했다.

친구 목사가 이 편지를 쓴 것은 그 상담이 있고 6개월 후의 일이었지만 그 소녀는 그때까지 자해를 하지 않았다.

그렇다. 우리의 최악의 문제를 해결하기 위해서는 피가 필요하다. 의롭고 지혜로우신 하나님이 죄의 정당한 벌은 죽음이라고 정하셨고 피 흘림이 없이는 죄 사함도 없다고 정하셨기 때문이다.[1]

우리 중보자의 사역은 피의 사역이 될 것이다.

성경의 열쇠

성경 전체의 줄거리와 테마를 가장 잘 포착한 성경의 한 문장을 찾는다면, 당신은 어떤 문장을 선택하겠는가? 어떤 부분을 보겠는가?

이미 많은 사람들에게 친숙한 애송구절, 요한복음 3장 16절을 주저 없이 추천할 사람들이 많을 것이다. 충분히 그럴 만한 이유가 있다. 그러나 우리가 이미 찾아본 성경본문에서 굳이 벗어날 필요 없이 디모데전서의 앞부분에 있는 이 구절을 살펴보자.

이 문장에 생각을 집중하라.

하나님은 한 분이시요 또 하나님과 사람 사이에 중보자도 한 분이시니 곧 사람이신 그리스도 예수라 그가 모든 사람을 위하여 자기를 대속물로 주셨으니 기약이 이르러 주신 증거니라[2]

J. I. 패커는 이 구절이 "신약성경뿐 아니라 성경 전체의 열쇠"로도 손색이 없다고 말했다.

"성경 메시지의 개요와 요지를 한 구절로 압축하고 있기 때문이다."[3]

바울은 이 한 문장을 통해 성경 전체의 주제와 핵심을 간결하게 포착하고, 하나님과 사람 사이의 중재자를 찾는 욥의 절박한 외침에 답을 제시한다. 그렇다, 바울은 '중보자가 분명히 있다!'고 선언한다. 우리와 하나님 사이에 서서 손을 얹고 중재하고, 우리가 하나님에 대한 두려움으로 더 이상 놀라지 않도록 그분의 채찍을 거둬줄 자가 있다. 하나님과 인류 사이의 유일한 중재자가 있다. 사람이신 그리스도께서 모든 사람을 위한 대속물로 자신을 내어주셨다. 성경의 전체 메시지는 이 한 가지 요점에 기초하고 있다.

하나님은 그분의 진노를 받을 수밖에 없는 자들을 향해 놀라운 은혜를 베풀기 원하신다. 그래서 하나님은 그분의 딜레마를 해결할 중보자를 계획하시고 우리에게 보내셨다. 그의 피를 통해 다른 어떤 중재와도 다른 유일무이한 사명을 이룰 수 있도록 허락하신 것이다. 결백한 피해자이신 하나님이 그분의 의로운 진노를 만족시키고 유죄인 인간들을 그 진노로부터 구원하기 위해 신비로운 자비하심으로 친아들을 죽음에 내어주신다.

R. C. 스프라울은 이렇게 말한다. "우리가 구원받아야 할 분이 바로 우리를 구원하신 분이다. 복음의 영광은 이것이다."[4]

존 스토트는 그것을 이런 식으로 표현했다. "하나님의 사랑이 하나님의 자기희생을 통해 하나님의 진노를 이기고 승리했다."[5]

유일한 사람, 유일한 사역

하지만 예수님은 어떻게 그런 특별한 중보 사역을 이루실 수 있었을까? 중재자는 양쪽을 똑같이 대표해야 하는데, 하나님과 인류 사이의 갈등에 있어서는 양측의 본질이 더할 나위 없이 다른데 말이다. 예수님은 어떻게 양측을 대표하여 화해를 이루실 수 있었을까?

예수님은 어떻게 양측을
똑같이 대표하실 수 있었을까?

온전한 하나님이자 참된 사람인 존재만이 하나님과 인간 사이에서 효과적인 중보를 할 수 있는데, 예수님이 바로 그런

분이시다. 그분은 어느 누구와도 다른 유일무이한 분이다. 그렇기 때문에 바울은 "하나님이 한 분이신" 것만큼 확실하게 "중보자도 한 분"이라고 주장한다.

예수님이 이루신 중보의 사역 역시 유일무이한 것이다. 디모데전서 2장 5-6절에서 바울이 구주의 탄생—"사람이신 그리스도 예수라"—에서 그분의 구원의 죽음—"그가 모든 사람을 위하여 자기를 대속물로 주셨으니"—으로 곧장 옮겨가는 것에 주목하라. 그리스도의 죽음이 곧 그분의 탄생의 목적이었다. 갈보리가 베들레헴의 이유였다. 하나님은 아들을 보내사 유일하게 완전한 삶을 살게 하시고 우리 죄를 위한 대속물로 유일한 죽음을 당하게 하셨다.

우리와 같으면서도 다른

죄는 인간이 저질렀으므로 속죄도 인간이 해야 한다. 인간만이 다른 인간을 위한 완전한 대속물이 될 수 있다. 빚과 의무와 책임은 인류만의 것이다. 그러나 당신도 나도 우리 죄를 위한 제물이 되거나 하나님의 의로우신 요구사항을 만족시킬 수 없다. 우리 자신의 불순종 때문에 이미 의로우신 하나님 앞에서 정죄를 받았기 때문이다. 더욱이 우리는 죄에 사로잡혀 있다. 우리 인간으로서는 죄의 지배력에서 벗어나는 일이 불가능하다. 어찌어찌해서 우리가 이 순간부터 죄를 짓지 않는다 해도 (불가능한 일이지만) 우리의 기록은 여전히 과거의 죄들로 더럽혀져 있다.

이것이 우리의 상태이다. 우리 죄를 속할 방법도 없고, 죄의 노예상태에서 벗어날 방법도 없다.

하나님의 구출이 필요하다. 우리는 구원자가 필요하다! 그런데 우리의 구원자가 되어 우리의 빚을 갚으려면 우리와 같아야 한다. 그저 모양만 인간처럼 보이는 하나님이 아니라 온전히 참된 인간이어야 한다. 그러나 그는 또한 우리와 달라야 한다. 완벽한 제물만이 받아들여지기 때문에 죄가 없어야 한다. 그는 제한된 하나님의 힘과 능력을 가진 인간이 아니라 온전한 하나님이어야 한다.

저술가 론 로우즈는 이점에 대해 유익한 통찰력을 제공한다.

구원자 그리스도께서 하나님이기만 하셨다면 죽으실 수 없었을 것이다. 하나님은 본질상 죽으실 수 없기 때문이다. 그리스도께서 인간이 되셔야만 인류를 대표하고 인간으로 죽으실 수 있었다.

그러나 하나님으로서 그리스도의 죽음은 모든 인류의 죄를 구속(救贖)하기에 충분한, 무한히 값진 것이었다. 그렇다면 그리스도께서 인간의 구원을 이루시기 위해 하나님이자 인간이 되셔야 했음이 분명하다.[6]

다른 누구도 그 일을 할 수 없었다. 참 하나님이자 참 사람인 예수 그리스도만이 우리의 대속물이 되어 자신을 희생하실 수 있었다. 예수님만이 이 유일한 자리와 위치에 서실 수 있었다. 유일하게 완전한 삶을 사셨던 이분만이 홀로 우리 죄를 위한 대속물로 완전하고 유일한 죽음을 당하셨다. 그분이 결백한 피해자, 우리 창조주와 심판자이신 하나님께 우리가 진 빚을 갚으셨다.

그것은

예수님만 하실 수 있는 일이었다.

다른 누구도 할 수 없었다.

그러자 하나님의 의분이 가라앉았다. 우리 죄를 향한 그분의 의로운 진노가 우리가 아닌 그리스도께 쏟아짐으로 풀렸다.

우리를 향한 하나님의 거룩한 적대감이 끝났다. 하나님의 딜레마가 해결되었다.

하나님이 바라보시는 그리스도의 죽음은 바로 이런 의미이다.

더할 나위 없이 좋은 소식

그리스도의 죽음은 죄에서 돌이켜 유일한 중보자이신 그분을 믿는 모든 자들에게 어떤 의미가 있을까?

첫째, 우리는 하나님과 화평하게 되었다. 실제로 그분과 객관적인 평화를 누린다. 우리를 향한 그분의 거룩한 적개심이 그리스도께 쏟아졌기 때문이다.

둘째, 이 땅에서의 생명이 끝날 때 우리는 더 이상 하나님께 정죄를 받지 않는다. 그리스도를 믿는 모든 자들이 이 세상을 떠나 의로운 재판장이신 하나님 앞에 서는 순간, 그리스도의 의를 힘입어 "무죄" 판결을 받게 될 것이다.

온전한 확신으로 우리는 바로 지금 그 판결을 기대하고 체험할 수 있다. 그 날을 바라보며 기쁘게 살아갈 때 지금 여기서의 우리 삶이 변화된다. 오늘 우리는 마지막 날에 받을 진노의 두려움을 벗고 살아간다.

얼마나 놀라운 은혜인가! 이보다 더 좋은 소식은 없을 것이다.

그리고 당신과 나는 이 소식을 전할 책임과 특권을 받았다. 우리가 유일한 중보자에 대한 유일한 메시지를 받았으니, 그 메시지의 유일한 관리자인 셈이다. 그러니 우리는 그것을 깊이 이해하고 마음에 새겨야 한다. 그래야 다른 사람들에게 그것을 정확하고 열정적으로 전할 수 있기 때문이다.

그리스도의 중보라는 놀라운 사실이 보다 분명하게 밝혀졌다. 이제 우리는 우리 구세주의 수난을 보다 깊이 이해하고 그로부터 더욱 깊은 감화를 받기 위해 겟세마네와 십자가로 더욱 가까이 다가갈 수 있다.

주 하나님, 나의 구속자요 구원자이신 당신을 찬양합니다.

아버지, 당신의 사랑과 자비와 지혜와 능력으로
중보자를 계획하시고 허락하셨으니 참 감사합니다.

예수님, 당신만이 홀로 내 대속물이 되어
내 죗값을 치를 수 있었나이다!
당신의 유일하고 완전한 삶과
내 대신 당하신 유일하고 완전한 죽음에 대해
세상의 어떤 말로 온전한 감사를 드릴 수 있겠나이까?
내 마음과 목숨과 뜻과 힘을 다하여
나를 위해 희생하신 당신을 찬양하고 감사하나이다.

내 감정을 초월하는 이 진리를 주시니 참 감사합니다.

이 진리가 내 감정을 계속 변화시키도록 도우소서.

4>>> 잔 들여다보기

겟세마네 동산은 성경 전체에서

가장 거룩하고 엄숙한 장면이다.

— 싱클레어 퍼거슨

세상이 멈춘 것 같은 순간, 너무나 갑작스럽고 뚜렷한 변화가 우리 영혼에 충격을 준다.

그 변화가 엄청난 충격으로 다가오는 이유는 이렇다. 복음서의 전반부에 나타난 예수님과 더불어 그분의 활기찬 3년의 사역 기간을 따라가 보면, 권위 있는, 확신에 찬, 두려움 없는 등의 단어가 그분에게 딱 들어맞음을 알게 된다. 예수님은 흔들림 없고 절제된 모습을 한결같이 보여주신다.

그러나 "겟세마네라 하는 곳"[1]으로 예수님을 따라가 보면 모든 것이 철저하게 달라지는 순간이 온다. 생소한 모습의 구세주와 마주친다. 낯설고 무서운 광경이 보인다.

마가복음은 예수님이 "심히 놀라시며 슬퍼하"셨다고 말한다.[2] 다른 번역본은 "공포와 번민에 싸였다"고 번역하거나 놀라움, 괴로움, 근심 등의 단어들을 사용한다.

감당하기 어려운 괴로움에 짓눌리시는 예수님, 그것은 우리에게 전혀 새로운 모습이다.

죽을 지경

 갈릴리에서의 나날을 기억하는가? 우리는 손을 뻗어 사람들을 부드럽게 만지시며 그들의 질병을 치료하시고 죄를 용서하시는 예수님을 보았다. 그분은 능력의 강한 팔을 펼치시어 귀신을 내쫓고 죽은 자들을 일으키셨다. 폭풍이 불던 밤, 파도가 몰아치는 바다 위를 평온하게 걸어오셨다. 햇빛에 반짝이는 얕은 바다 위의 작은 고깃배에 편안하게 앉아 해변의 군중들에게 말씀을 전하셨다. 사람들은 예수님의 비할 바 없는 가르침에 놀라고 기뻐하며 귀를 기울였다.

 우리는 푸르른 언덕 사면에서 진정 감사한 표정으로 고개를 들고 하늘을 바라보며 떡 몇 덩이와 물고기 몇 마리를 축복하시는 예수님의 모습을 보았다. 떡과 물고기들을 나눠 수천 명을 먹이시는 그분의 얼굴에는 연민의 미소가 가득했다. 우리는 구름에 싸인 바위산 봉우리에서 초자연적인 빛으로 얼굴과 몸이 놀랍게 변형되신 그분을 바라보며 경이를 느꼈다.

 이곳, 사람들이 가득한 예루살렘성전 뜰에서, 예수님은 조금도 위축되지 않으시고 종교 기득권층의 위선을 지적하셨고 심지어 채찍을 만들어 그들의 환전상들까지 내쫓으셨다. 우리는 놀라움에 휘둥그레진 눈으로 그 장면을 바라보았다.

예수님은 한결같이 담대하셨고, 용감하셨고, 침착하셨다.

물론 예수님에게도 동요하고 눈물을 흘리시는 모습이 있었다. 친구 나사로가 죽은 후 베다니로 가셨을 때 그분은 몹시 안타까워하셨고 무덤가에서 눈물을 흘리셨다. 그러나 그때의 안타까움과 눈물은 지금 겟세마네의 감람산, 달밤의 나뭇가지 아래에서 그분을 사로잡고 있는 고통과는 전혀 다른 것이었다.

이 순간 우리 구주의 고민은

너무나 분명해서

실제로 죽을 것 같은

고통을 느끼신다.

예수님은 베드로와 야고보와 요한을 보시고 이렇게 말씀하신다. "내 마음이 심히 고민하여 죽게 되었으니." 죽을 지경이라니! 이것은 과장이 아니라 진심에서 나온 말이다. 이 순간 우리 구주의 영혼에 있는 고민은 너무나 크고 분명해서 십자가의 고통이 다가오기 몇 시간 전인 지금 실제로 죽을 것 같은 고통을 느끼신다.

예수님은 세 제자에게 깨어있으라고 말씀하신 후, 조금 나아가…돌무더기 땅에 비틀거리며 쓰러지셨다.[3] 마음의 짐이 너무나 무거워 똑바로 서 있을 수도 없으셨던 것이다.

뜻밖의 상황

우리는 이전에 알지 못했던 예수님의 나약하고 인간적인 모습을 보고 있다. 이제 우리는 한 가지 질문을 피할 수 없다.

왜?

예수님은 왜 이렇게 공포에 몸서리치고 고뇌에 비틀거리실까?

같은 날 밤인데 바로 전까지는 그런 고뇌의 흔적이 보이지 않았다. 이날 저녁, 예수님은 엄숙하고 위엄 있게 제자들과 주의 만찬을 시작하셨고 선창으로 찬양을 이끄셨다. 다락방에서 그분이 "심령이 괴로워"[4] 배반당할 것을 미리 말씀하시고 제자들이 "흩어질" 것이라고 말씀하신 것은 사실이다. 그러나 예수님은 곧바로 그들에게 "내가 살아난 후에 너희보다 먼저 갈릴리로 가리라"[5]고 담대하게 말씀하셨다.

다가오는 죽음이 뜻밖의 일이라 놀라신 것은 아니다. 예수님은 오래 전에 우리의 대속물이 되어 죄에 대한 하나님의 심판을 친히 감당하기로 결심하셨고 벌써 몇 달째 제자들에게 자신의 죽음에 대해 거듭 말씀해 오신 터였다.

예수님은 그분이 이 땅에 오신 목적인 희생의 시간을 피하거나 늦추시려는 것이 아니다. 오히려 그 반대이다. 예루살렘이 그분을 적대시하는 세력의 온상임을 누구나 알고 있는 상황에서 일말의 주저 없이 제자들을 이끌고 여기까지 오셨다. 그래서 "그들이 놀라고 따르는 자들은 두려워"[6]하였던 것이다. 두려움과 불안은 예수님이 아니라 그분을 따르던 자들의 몫이었다.

그러니 겟세마네, 이 갑작스러운 공포, 이 깊은 번민은 우리에겐 뜻밖의 것일 수밖에 없다.

그래서 우리는 묻게 된다. 왜 지금? 왜 지금?

우리 죄를 지심이
그분께 어떤 의미가 있었을까?

여기 그 이유가 있다. 우리 구주께서는 겟세마네 동산에서 갈보리의 궁극적이고 가장 깊은 고뇌와 처음으로 직면하셨다. 이 고뇌는 그분이 당하신 어떤 물리적 수난보다 무한히 더 고통스러운 것이었다. 여기에 대해서는 뒤에서 다시 살펴볼 것이다.

십자가로 가는 길은 비할 바 없고 전례 없는 진노와 버림받음의 고통을 예수님께 안겨줄 것이다. 말할 수 없이 깊은 밑바닥을 향한 그분의 여정은 겟세마네 동산에 이르러 급기야 곤두박질치기 시작한다.

예수님을 뒤따라 동산으로 들어가 그분을 바라볼 때, 우리로서는 도저히 헤아릴 수 없는 지점에 와 있음을 기억해야 한다. 여기서 드러나는 모습은 우리의 이해력을 뛰어넘는 것이다.

오래된 찬양의 한 구절이 참으로 적절하게 느껴지는 순간이다.

거룩하신 분이여, 내 죄를 지심이
당신께 어떤 의미였는지
오, 나로 이해하도록 도우소서.
헤아리도록 도우소서.[7]

우리 죄를 지는 것이 거룩하신 분, 예수님께 어떤 의미가 있었는지 깊이 이해하고, "헤아리기" 위해서는 하나님의 도우심이 필요하다. 우리 죄를 지는 것이 예수님께 어떤 의미가 있었을까, 그것을 헤아리는 것이 우리의 목표이다.

끔찍한 잔

나무 그늘 아래로 더 가까이 다가가…그분을 바라보고 귀를 기울여 보자.

예수님은 바닥에 엎드려 이렇게 기도하신다. "아빠 아버지여 아버지께는 모든 것이 가능하오니 이 잔을 내게서 옮기시옵소서 그러나 나의 원대로 마옵시고 아버지의 원대로 하옵소서."[8]

예수님은 거듭해서 이렇게 간청하신다. 얼굴을 땅에 댄 그분의 관자놀이에 땀이 맺힌다. 고개를 드시는 그분의 얼굴 위로 엄청난 고뇌가 드러나고 흐르는 땀은 "땅에 떨어지는 핏방울 같다."[9]

그 이유는 그분의 말씀에 나와 있다. "이 잔을 옮기시옵소서." 이 순간, 이 간청이 그분의 마음과 생각을 사로잡고 있다.

이 잔이 무엇일까? 당신과 나의 죄를 향한 하나님의 진노를 뜻한다.

우리가 예수님처럼 성경을 안다면—이때, 예수님의 머리 속엔 많은 성경말씀이 자리하고 있을 것이다— 이러한 의미를 놓칠 수는 없을 것이다. 이사야 51장 17절은 하나님이 내미신 손에 담긴 이 잔을 보여준다. "그의 분노의 잔"이다. 이것을 마신 자들을 "비틀걸음 치게 하는 잔"이다. 이 잔은 모든 죄를 향한 더없이 맹렬하고 사나운 하나님의 거룩한 진노를 담고 있다. 죄악된 인류가 마셔야 할 잔이다. 당신의 잔이고…나의 잔이다.

구약성경의 생생한 비유 속의 이 잔은 "불과 유황과 태우는 바람"[10]으로 가득 차 있다.

마치 세인트헬렌스 화산의 격렬한 폭발이 커피잔에 응축된 것 같은 모습이다. 성경이 이 잔을 마신 사람이 "비틀거리고 미치"[11]게 된다고 말하는 것도 당연하다. 예수님이 이 끔찍한 잔을 들여다보시고 땅바닥으로 고꾸라지신 것도 당연하다.

그래서 예수님은 공포에 몸서리치고 고뇌에 비틀거리셨다. 인간의 나약함을 입고 우리의 죄악을 짊어지신 그분이 하나님의 맹렬하고 거침없는 진노의 표적이 된 무서운 현실에 직면하신 것이다.

천국이 아니라 지옥

예수님은 십자가에 못 박힘으로 인한 신체적 고통을 두려워하신 게 아니다. 그분을 주춤하게 만든 것은 그보다 무한히 더 큰 고통, 하나님 아버지께 버림받는 고통이었다.

예수님 앞에 열려 있는 것은
천국이 아니라 지옥이었다.

어느 성경 주석가의 말처럼, 예수님은 "잡히시기 전 잠깐 아버지와 함께 있기 위해" 동산으로 가셨지만 "그분 앞에 열려 있는 것은 천국이 아니라 지옥이었다."[12] 예수님은 죽을 시간이 임박했음을 아시고 아버지의 위로와 힘주심을 간절히 바라며 이곳에 오셨다. 그러나 그분의 면전에 던져진 것은 지옥—하나님과의 완전한 분리—이었다.

예수님의 부르짖음이 들려온다. 아버지, 다른 방법은 없나이까? 이것을 피할 다른 길은 없나이까? 이것이 저를 지나갈 길이 있다면, 그 길을 허락하실 수는 없나이까?

침묵. 그분의 얼굴에서 그것을 볼 수 있다. 예수님은 이 절박한 요청에 아무 대답도 받지 못하신다.

다시, 또 다시 아버지께 버림받는 두려움 외의 다른 길을 주시기를 예수님은 간청한다. 만약 그런 길이 존재한다면, 하나님 아버지께서 분명히 허락하실 것이다. 그러나 순종하는 아들이 사랑하는 아버지께 올린 간청에 대한 답변은 침묵이었다. 왜?

이 구절에 새롭게 귀를 기울여 보라. 하나님이 세상을 이처럼 사랑하사…다른 길을 주시기를 간청하는 아들에게 이 순간 침묵하신다.

우리 죄를 짊어진다는 것은 예수님께 이런 의미이다. 십자가 위에서 아버지의 절대적인 진노의 표적이 되고 철저히 버림받게 됨이다. 이 일을 앞두고 예수님의 영혼은 더없는 번민에 사로잡힌 것이다. 우리로서는 헤아려볼 엄두조차 나지 않는 번민과 버림받음과 거부당함이다.

여기, 우리 구세주에게 가장 암울한 시간에…우리를 향한 그분의 사랑이 보이는가?

또 다른 잔

예수님이 아버지께 되풀이하는 소중하고도 강력한 말씀에 다시 귀 기울여보라.

"그러나 나의 원대로 마시옵고 아버지의 원대로 하옵소서."
"그러나 나의 원대로 마시옵고 아버지의 원대로 하옵소서."
"그러나 나의 원대로 마시옵고 아버지의 원대로 하옵소서."

이 말은 "아버지, 당신의 명령에 따라 이 잔을 기꺼이 마시겠습니다. 모두 마시겠습니다"라는 의미이다.

그러실 것이다. 한 방울도 남김없이 모두 마시실 것이다.

예수님은 우리가 마셔야 할 그 진노의 잔에서
아무것도 남기지 않으실 것이다.

예수님은 우리가 마셔야 할 그 진노의 잔에서 아무것도 남기지 않으실 것이다. 그리고…오늘날 당신과 내 손에는 또 다른 잔이 들려 있다. 구원의 잔이다. 우리는 이 소중한 새 잔을 마시고 또 마신다. 꾸준히 마시고, 끊임없이 마시고, 영원히 마신다…구원의 잔은 언제나 가득 차 있고 흘러넘치기 때문이다.

오직 예수님이 다른 잔에 대해 "그러나 나의 원대로 마시옵고 아버지의 원대로 하옵소서"라고 말씀하셨기 때문에 우리는 이 잔을 마실 수 있다.

나는 이 잔을 모두 마시겠다.

우리가 겟세마네에서 고뇌하며 기도하시는 예수님의 모습을 볼 때, 그분은 눈물 젖은 눈을 들어 우리에게 이렇게 외치실 권리가 있으시다. "이것은 너희 잔이다. 너희가 마실 책임이 있다. 이건 너희 죄이다. 너희가 마셔라." 그 잔은 내 손과 당신 손에 쥐어져야 마땅하다.

그러나 예수님은 기꺼이 그 잔을 받아 마시신다. …그리고 십자가에서 당신과 나를 내려보시고 우리 이름을 속삭이시며 이렇게 말씀하신다. "내가 너희를 위해 이 잔을 다 마시노라. 나에게 반항하며 살아온 너희들, 나를 미워했던 너희들, 나에게 맞섰던 너희들을 위해. 나는 이 전부를…너희를 위해 마시노라."

이것은 우리 죄 때문에 필요하다. 이것은 당신의 교만과 나의 교만, 당신의 이기심과 나의 이기심, 당신의 불순종과 나의 불순종 때문에 필요하다. 그분을 보라…그분의 수난을 보라…그리고 그분의 사랑을 깨달으라.

구주 예수님, 겟세마네에서 아버지께
"그러나 나의 원대로 마시옵고 아버지의 원대로 하옵소서"
라고 말씀하심에 감사합니다.

다른 길을 간절히 원하셨지만
다른 길이 없어도
겟세마네의 땅에서 일어나
하늘 아버지께 순종하여 십자가를 향해

죽음을 향해 나아가셨습니다. 주님의 순종이 아니었다면

나는 죄와 죽음과 지옥에 영원히 빠졌을 것입니다.

그러나 당신께서 하나님의 진노의 잔을 마시셨기 때문에

나는 구원의 잔을 영원히 마실 수 있습니다.

오, 예수님, 이 은혜를 어찌 다 감사할 수 있겠습니까?

5》》 군중 속 당신의 얼굴

우리는 빌라도처럼 손을 씻어 책임을 회피하려 하지만

그런 시도는 여전히 소용이 없을 것이다.

우리 손에 피가 묻어 있기 때문이다.

― 존 R. W. 스토트

우리는 깊은 영혼의 번민으로 떨며 겟세마네로 가시는 예수님을 보았다.

그러나 겟세마네 동산에서 나오실 때의 예수님은 더 이상 떨거나 고민하지 않으신다. 다음과 같이 말씀하시는 예수의 모습에는 침착함과 권위가 느껴진다. "아직도 자느냐? 아직도 쉬느냐? 그 정도면 넉넉하다. 때가 왔다. 보아라, 인자는 죄인들의 손에 넘어간다. 일어나서 가자. 보아라, 나를 넘겨 줄 자가 가까이 왔다."[1]

이 변화를 어떻게 설명할 수 있을까? 그분의 순종뿐이다.

견딜 힘

하나님 아버지는 십자가 외의 다른 길을 구하는 아들의 간청에 침묵하셨지만 순종하는 아들에게서 위로와 힘을 거두지 않으셨다. 실제로 겟세마네에서의 기도 막바지에 "천사가 하늘로부터 그에게 나타나서, 힘을 북돋우어 드렸다."[2] 그러한 공급하심은 곧이어 이어질 시련과 고통의 시간에 예수님을 붙들어줄 힘이 될 것이다.

유다가 이끄는 무장병력이 예수님을 체포하러 온다. 예수님을 끌고 가는 그들을 따라가 보자. 제자들은 밤의 어둠 속으로 달아난다.

예수님은 왜 이 거짓 고소들에
아무 대답도 하지 않으실까?

몇 시간 후, 우리는 빌라도 앞에 서신 예수님의 내면의 힘을 보게 된다. 그분은 대제사장들과 장로들의 고소 앞에서 놀랄 만큼 의연하게 침묵을 지키신다. 그래서 빌라도가 묻는다.

"사람들이 저렇게 여러 가지로 당신에게 불리한 증언을 하는데, 들리지 않소?" 그래도 예수님이 대답하지 않으시자 총독은 "매우 이상히 여겼다."[3]

예수님이 왜 이 거짓 고소들에 아무 대답도 하지 않으시는지 이상하게 여긴 적이 있는가?

나는 그런 적이 있다. 예수님은 빌라도를 쉽사리 설득하실 수 있었을 것이다. 빌라도는 예수님을 존중하고 있고 대제사장들과 장로들에 대해 어떤 호의도 갖고 있지 않음이 분명하다. 그는 그들의 꿍꿍이를 알고 있다.

그러나 예수님은 지금 이 순간을 위해 이 땅에 오셨음을 아신다. 이것이 바로 그분이 세상에 나신 목적이고 이것을 거부할 뜻이 전혀 없으시다. 그분은 우리의 중보자로 죽기 위해 태어나셨다. 당신과 나는 우리가 언젠가 죽을 것임을 안다. 언제 어떻게 죽을지 모를 뿐이다. 그러나 예수님은 언제, 어떻게 죽을지 아셨고…무엇보다, 왜 죽는지 아셨다.

존 스토트가 말한 것처럼, 어떻게 살 것인가가 아니라 어떻게 생명을 내어주는가가 예수님의 마음을 사로잡고 있었다. 구주 예수님이 친히 하신 말씀을 들어보자. "인자의 온 것은…자기 목숨을 많은 사람의 대속물로 주려 함이니라."[4] 그래서 예수님은 고소자들에게 반박하거나 항변하지 않으셨던 것이다. 그 모습에 빌라도는 깜짝 놀란다.

저항할 수 없는 힘

이제 빌라도 총독은 대중이 원하는 죄수 한 사람을 풀어주는 유월절 관습을 이용하여 예수님을 도우려 한다. 총독은 군중에게 악명 높은 죄수인 테러리스트 바라바와 예수님 중에서 선택하라고 말한다.[5]

한편 재판석에 앉은 빌라도는 아내로부터 특별한 전갈을 받는다. 그의 어깨너머로 그 내용을 들여다보자. 아내의 쪽지에는 그녀가 꿈에서 예수로 인하여 "애를 많이 태웠"다고 적혀 있다. 그러므로 그녀는 남편에게 "저 옳은 사람에게 아무 상관도 하지 마옵소서"라고 간청한다.[6] 예수의 결백함을 옹호하는, 무시할 수 없는 지원군이다. 빌라도로서는 예수를 풀어주고 싶은 이유가 추가된 것이다.

총독이 아내의 호소에 대해 생각하는 동안, 우리는 모인 군중에게로 가서 사람들 사이를 바삐 오가는 대제사장들과 장로들을 보자. 그들은 "바라바를 놓아 달라고 하고, 예수를 죽이라고 요청하게" 사람들을 구슬리고 있다.[7]

빌라도는 아내의 편지를 치운 뒤 자리에서 일어서서 군중에게 묻는다. "둘 중의 누구를 너희에게 놓아 주기를 원하느냐?"

주위를 둘러보자. 군중은 완전히 흥분상태다. 그들은 재빨리 외친다. "바라바!"

"그러면 그리스도라 하는 예수를 내가 어떻게 하랴?"

바울에 따르면 군중 "모두"의 반응은 이것이다. "십자가에 못 박혀야 하겠나이다!"

총독이 묻는다. "어찜이냐 무슨 악한 일을 하였느냐?"

군중은 사방에서 더욱 크게 소리 지른다. "십자가에 못 박혀야 하겠나이다!"[8]

누가는 군중이 "큰 소리로", "재촉하고" "요구"했고 "그들의 소리가 이겼다"고 강조하고 있다.[9] 여기 빌라도가 억누를 수도, 무시할 수도 없는 세력이 있다.

그날 그곳에서

한 가지 물어보자. 당신은 이 암울한 날에 일어난 사건 속 인물들 중 누구와 비슷한 것 같은가? 당신이 그 자리에 있었다면 많은 구경꾼들과 이 장면 속의 인물들 중 누구와 가장 비슷한 행동을 했겠는가?

당신은 이 암울한 날에

일어난 사건 속 인물들 중

누구와 비슷한 것 같은가?

주님을 부인한 죄책감의 무게에 짓눌려 밤새 비통하게 우는 베드로인가?

지나가다 붙들려 강제로 예수님의 십자가를 졌던 구레네인 시몬인가? 예수님을 따라다니다

"멀리 서서 이 일을 보"았던 여인들인가?

"예수님의 십자가 곁에 서서" 상상도 못할 고통을 견뎠던

그분의 어머니 마리아? "근처에서" 있다가 십자가에 달리신 예수님의 말씀을 들었던 제자 요한? 십자가에 달려 있다가 회개하고 "예수여, 당신의 나라에 임하실 때에 나를 생각하소서"라고 믿음으로 외쳤던 강도? 아니면 예수님의 죽음을 목격한 후 감동하여 "이 사람은 진실로 하나님의 아들이었도다!"라고 말한 백부장인가?

그러나 나는 "십자가에 못 박으시오!"라고 외쳤던 성난 군중과 가장 가깝다.

우리 모두 그들에게서 자신의 모습을 봐야 한다. 하나님의 은혜가 없었다면 우리 모두가 바로 그 자리에 서 있어야 했다. 달리 생각하는 것은 착각에 불과하다. 거룩하고 죄 없으신 하나님의 어린양을 향해 증오와 적대감을 토해내는 군중과 함께 그곳에 서 있는 자신의 모습을 보지 못하면, 자신의 죄의 본질과 깊이, 십자가의 필요성을 제대로 이해하지 못한다.

우리 손에서

군중들의 부르짖음과 외침이 점점 커지고 있을 때, 우리 주님은 이들을 어떤 눈으로 바라보셨을까? 우리가 성난 군중 속에서 자신의 얼굴을 보지 못하고 자신의 성마른 목소리를 알아듣지 못한다 해도…그분은 보고 들으신다. 그리고 사형 선고를 받아들이시는 것으로 우리의 악한 외침과 저주에 답하신다.

스코틀랜드 출신의 호레이셔스 보나르가 쓴 위대한 찬양곡은 구세주께서 우리 때문에 사형 선고를 당하셨음을 깨닫는데 도움이 된다. 그 찬양에는 이런 구절이 있다.

나 때문에 보혈을 흘렸네.
내가 그분을 나무에 못 박았네.
하나님의 그리스도를 십자가에 못 박았네.
나는 조롱에 동참했네.

내가 이 사실을 분명히 말하는 궁극적인 목적은 죄를 지적하기 위함이 아니다. 은혜를 확신케 하려는 것이다. 자신의 죄가 얼마나 큰지, 그 죄가 하나님의 거룩하심에 얼마나 큰 모욕인지, 왜 하나님이 이러한 죄에 맹렬한 진노를 쏟으실 수밖에 없는지 깊이 알게 하려는 것이다. 그렇지 않고서는 은혜의 소중함을 알지 못할 것이고 은혜가 놀랍게 다가오지 않을 것이기 때문이다. 자신의 죄를 참으로 깨닫는 자들만이 참으로 은혜를 소중하게 여길 수 있다.

주 예수님, 나 때문에

당신이 고난을 당하셨습니다.

내 죄 때문에 모욕을 당하시고

얻어맞으시고 죽음으로 끌려 가셨습니다.

결국 내가 그 자리에서 당신을

조롱하고 때리고 채찍질한 것과 같습니다.

하나님 아버지와 나에 대한 사랑 때문에

이 모두를 참으셨으니, 참으로 놀라운 은혜의 선물입니다!

6 >>> 저주받은 자의 절규

이 부르짖음은 지구상에서 들려온

가장 괴로운 항변.

비할 바 없는 고통의 순간에 터져 나온,

우리를 위해 저주받은 자의 절규.

— R. C. 스프라울

이날의 끔찍한 사건이 계속 펼쳐짐에 따라 우리 인간들의 죄성이 최악의 모습을 드러낸다.

군병들은 예수님에게 침을 뱉고 그분의 머리를 때린다. 그들은 예수님의 옷을 벗기고 그 어깨에 주홍색 옷을 두르고 가시 면류관을 엮어 머리에 눌러 씌우고 오른손에 갈대를 쥐어 준다. 그리고 그분 앞에 무릎을 꿇고 이렇게 조롱한다. "유대인의 왕이며 평안할지어다."[1]

아이러니하게도 그들의 조롱은 진리를 드러내고 있다. 그들의 희생자는 유대인의 왕일 뿐 아니라 하나님이 정하신 온 피조세계의 왕이시며 언젠가 모두가 그분 앞에 무릎을 꿇게 될 것이다. 그분을 고문했던 군병들도 예외는 아니다.

예언적 조롱

골고다("해골의 곳") 언덕으로 예수님을 끌고 가는 로마 군병들을 따라가 보자. 그들은 예수님의 떨리는 육체를 십자가에 못 박은 후 십자가를 세워 땅에 박았다.

루터는 우리 모두가 주머니에 그 못들을 넣어 가지고 다닌다고 말했다. 당신에게도 그 못이 있음을 아는가?

그분을 십자가에 묶어둔 것은
못이 아니다.

구경하는 사람들은 계속해서 욕설을 퍼붓는다. 지나가는 사람들은 고개를 가로저으며 이렇게 말한다. "네가 만일 하나님의 아들이어든 자기를 구원하고 십자가에서 내려오라." 대제사장들과 서기관들과 장로들은 함께 조롱했다. "그가 남은 구원하였으되 자기는 구원할 수 없도다."[2]

오해해선 안 된다. 예수님은 언제라도 십자가에서 내려와 자신을 구원하실 수 있었다. 그분을 십자가에 묶어둔 것은 못이 아니다. 그분을 거기에 묶어둔 것과 그분이 거기 달리신 이유는 같았다. 예수님에겐 아버지의 뜻을 행하려는 열정이 있었고 우리 같은 죄인들을 사랑하셨기 때문이다.

본인들은 미처 몰랐겠지만 구경꾼들이 내뱉은 조롱의 말들은 구세주의 죽음의 유일성과 그 중요성을 드러내고 있다. 그들은 영적 무지 속에서 최고의 영적 진리를 표현하고 있다.

예수님은 자신과 우리를 동시에 구원하실 수 없다. 그분은 자신의 구원을 거부하심으로 다른 사람들을 구원하실 수 있다.

당신의 죄나 나의 죄만으로도 예수님은 죽으셔야 했다. 그러니 예수님의 비극적인 죽음은 온전히 당신과 나의 책임이다. 존 스토트는 이런 지혜로운 말을 했다. "십자가를 우리를 위해 이루어진 사건으로 보기 전에, 우리가 저지른 사건으로 보아야 한다."[3]

무시무시한 암흑

몇 시간 동안 우리는 예수님이 상상도 못할 고통을 겪으며 하늘과 땅 사이에 매달려 계신 모습을 보고 있다. 그분은 불평도, 항변도 하지 않으신다. 오히려 이런 음성이 들려온다.

"아버지 저들을 사하여 주옵소서. 자기들이 하는 것을 알지 못함이니이다."[4]

한낮인데도 그 땅에 암흑이 덮친다. 일식이나 구름 때문이 아니라 하나님의 심판이 이루어지고 있다는 표시, 초자연적인 암흑이다. 그런 어둠을 상상할 수 있겠는가? 손에 잡힐 듯한 암흑이다.

하늘도 하나님의 아들에게 벌어지고 있는 일을 알고 있다. 겟세마네에서 벗어나기를 간청했던 예수님은 지금 그 잔을 마시고 계신 것이다. 죄를 향한 하나님의 맹렬하고 의로우신 증오, 아담의 죄로부터 당신과 나의 모든 죄를 포함해 이 세상 역사의 종말에까지 이어질 모든 죄를 향한 하나님의 진노를 온전히 체험하고 계신다.

죄 없으신 분, 결백하고 거룩하신 분이 그 엄청나고 지독히도 거대한 죄의 대가를 담당하셨다. 이것이 그분에게 가장 가혹한 시험이요, 가장 잔인하고 어려운 시련, 육체적 수난의 아픔보다 훨씬 더한 고통이다.

더 이상 버틸 힘이 없다

이 이상하고 부자연스러운 암흑 속, 군병들이 밝힌 깜박이는 횃불 곁에서 십자가로 더 가까이 다가간다. 예수님의 모습을 바라보며 그분의 목소리에 귀를 기울이자.

갑자기 예수님의 얼굴이 이제껏 본 것보다 더욱 끔찍한 고통을 드러내며 뒤틀린다. 더 이상 참으실 수가 없는지 그분은 이렇게 부르짖으신다.

"나의 하나님, 나의 하나님!"

어찌하여

나를

버리셨나이까?

갑자기 예수님은

더 이상 참으실 수가 없어 보인다.

어느 저술가는 이렇게 적고 있다. "죽어가는 우리 구주의

저주받은 자의 절규

입에서 나온 이 괴로운 절규보다 더 이해하기 어렵고 충격적인 신비는 성경 어느 곳에서도 만날 수 없다."[5]

이 절규는 질문이다. 그러나 예수님은 아버지를 비난하고 계신 것이 아니다. 자신이 죽어가는 이유를 몰라 혼란스러워하시는 것도 아니다. 이것은 다윗이 시편 22편에서 한 질문이고, 우리 주님은 십자가 위에서 그 메시아 시편을 성취하고 계신다. 그러나 예수님의 일은 그 이상이다. 그분은 십자가 위에서 인류 역사상 누구도 경험하지 못했고 앞으로도 경험하지 못할 일을 겪고 계신다. 그분은 당신과 내가 받아야 할 하나님 아버지의 온전하고 맹렬한 진노를 받고 계신다. 역사의 모든 인간이 받아야 마땅하고, 그분 홀로 피해야 마땅한 형벌을 받고 계신다.

그리고 홀로 그것을 겪고 계신다.

진정한 외로움

아버지가 돌아가신 후 나는 관을 고르고 장례식의 구체적인 내용을 의논하기 위해 가족들과 함께 장례회관에 모였다. 장례회관에서 차를 몰고 나오는데, 채 200미터도 못 가서 눈물이 쏟아지고 마음을 가눌 수가 없어서 차를 도로변에 세워야 했다.

아버지가 돌아가신 후 여러 번 울었지만 혼자 운 것은 그때가 처음이었다. 그 순간, 감당할 수 없는 눈물과 슬픔이 밀려왔다. 내 차에서 벌어지고 있는 상황을 전혀 알지 못하는 이들이 차를 타고 곁을 지나친다. 나는 참으로 외로웠다. 그때의 기억이 지금도 생생하다.

그러나 사실 나는 혼자가 아니었다. 200미터 뒤에 나를 전심으로 사랑하는 사람들이 있었기 때문이다. 차를 돌려서 장례회관으로 돌아가기만 하면 위로를 받을 수 있었다. 혼자라는 나의 느낌은 사실이 아니었다.

그 순간 혼자라는 느낌은 감당하기 어려웠지만 내가 겪은 것보다 훨씬 심각한 고독과 아픔을 겪은 사람들이 많이 있다. 그들은 나처럼 울었지만 200미터 밖이 아니라 200킬로미터 밖에도 위로를 구할 만한 존재가 없었다.

하나님 아버지의 눈에 보이는 것은

인간의 모든 죄가 한 사람에게 겹쳐진

소름끼치는 장면이다.

그러나 그런 참을 수 없는 경험들조차 감히 비할 수 없는, 무한히 깊은 고립과 버림받음의 아픔을 겪은 분이 계시다.

예수님은 십자가에 못 박히기 전부터 이미 버림받는 것이 무엇인지 아셨다. 그분은 사람들에게 거부당하고 버림받는 일에 아주 익숙하셨다. 그러나 그런 일이 벌어질 때마다 언제나 이렇게 말씀하실 수 있었다. "사람들은 나를 버렸지만, 나는 혼자가 아니다. 아버지께서 나와 함께 계시기 때문이다."

그런데 지금은 다르다.

영원토록 혼자인 적이 없었던 분이 이제 완전히 버림을 받으셨다. 그토록 철저한 외로움은 영원 전부터 존재한 적이 없었다. 절대 깨어질 수 없는 삼위일체의 무한한 사랑과 교제 때문이다. 그러나 이제 성육하신 아들이 아버지의 버림을 받아야 한다. …거룩하신 아버지의 눈에 보이는 것은 R. C. 스프라울의 표현을 빌면 "세계 역사상 가장 추악하고 역겨운 죄덩어리"이기 때문이다.[6] 그것은 인간의 모든 죄가 한 사람에게 겹쳐진 소름끼치는 장면이다.

그러므로 그 '사람'은 거룩하신 하나님의 임재에서 완전히 떨어져나가고, 동이 서에서 먼 것만큼 하나님으로부터 철저하게 분리되어야 한다.

예수님은 그저 버림받은 느낌을 받으신 것이 아니다. 정말로 버림을 받으셨다. 그 순간의 헤아릴 수 없는 신비 가운데, 하나님의 진노가 우리 죄를 대신해 예수님께 쏟아졌고 예수님은 하나님께 거절을 당하셨다. 하나님 아버지가 예수님께 등을 돌리셨다. 그것은 그냥 근거 없는 느낌이 아니라 현실이었다.

예수님이 겟세마네에서 그 잔을 들여다보셨을 때 보신 내용이 이것이었다. 이것 때문에 그분이 동요하셨던 것이다.

기적

이보다 더 놀라운 일이 있을까? 당신과 내가 예수님께 찬양과 감사를 드려야 할 이유로 이보다 더 큰 것이 있을 수 있을까?

그리스도께서 십자가 위에서 친히 겪으신 외로움은 당신과 내가 겪어야 했던 것이다. 그러나 예수님이 우리 대신 그것을 혼자 담당하셨다.

왜 혼자이셨을까?

그분이 외로움을 참아내신 것은 우리가 그 외로움을 겪지 않게 하시기 위함이다.

그분이 하나님께 "어찌하여 나를 버리셨나이까?"라고 부르짖으신 것은 우리가 그와 같이 부르짖지 않게 하시기 위함이다. 그분이 아버지로부터 끊어지신 것은 우리가 "아무것도 우리를 그리스도 예수 안에 있는 하나님의 사랑에서 끊을 수 없으리라"고 담대하게 말할 수 있게 하시기 위함이다.

우리가 용서받게 하시고자 그분이 버림을 받으셨다.

부디 죄 용서에 너무 익숙해지지 말라. 그것은 놀라운 기적이다! 하나님의 놀라운 선물이다! 우리가 받은 용서는 그리스도께서 십자가 위에서 거부당하고 버림받음으로 이루어졌을 뿐 아니라 믿을 수 없을 만큼 가장 영광스러운 방식으로 확증되고 확인된 사실이다. 바울은 "그리스도께서 죽은 자 가운데서 다시 살아〔나셨다〕"고 선포하는데, 그것은 복음의 가장 감격적이고 확실한 부분이다. "그리스도께서 다시 살아나신 일이 없으면 너희의 믿음도 헛되고 너희가 여전히 죄 가운데 있을 것"이기 때문이다.[7]

오직 그리고 정확히 그리스도의 죽음과 부활 때문에, 믿는 우리에게는 더 이상 정죄함이 없다. "누가 정죄하리요 죽으실 뿐 아니라 다시 살아나신 이는 그리스도 예수시니 그는 하나님 우편에 계신 자요 우리를 위하여 간구하시는 자시니라."[8] 피조세계 전체를 통틀어도 당신과 내가 받은 용서보다 더 신비로운 것은 없다.

지난 24시간에만도 나는 하나님의 의로운 심판을 받기에 충분한 죄를 지었다. 그러나 하나님은 나를 정죄하지 않고 용서하신다. 그 죄 용서는 하나님께 철저히 버림받고 하늘과 땅 사이에 달리셨던 분에게서만 나온다.

하나님이 예수님을 죄인으로 취급하시며 아들을 버리신 것은 당신과 나—여전히 죄인인 자들—를 의로운 자처럼 대우하시기 위함이다…그리고 이 모든 일은 오직 예수님으로만 가능하다.

장래의 주의 날이 내게 진노의 날이 아니라

기쁨의 날이 되게 하시니 감사합니다.

당신이 진노의 잔을 모두 마시셨기 때문이요,

주 예수님…당신이 나 대신 죽으심과

아버지와 끊어짐을 당하셨기 때문입니다.

당신은 내 몫의 잔을 마시셨습니다.

내 대신 버림받음을 당하셨습니다.

내가 혼자되지 않도록 하시고자 철저히 혼자되셨습니다.

오, 당신께 어찌 다 감사할 수 있겠나이까?

오늘과 내일, 영원토록

내가 기꺼이 기쁨으로 당신을 찬양할 수 있게 하시고자

이 고통을 견디셨습니다.

나의 구주 예수님, 바로 이 순간

당신께 감사와 찬양을 드립니다!

당신을 영원히 경배하겠습니다.

7》》 하나님은 이해하신다

우리가 의지하는 하나님은

고통이 무엇인지 아신다.

모든 것을 아시는 하나님으로서,

또 그분의 경험으로.

―D. A. 카슨

"패션 오브 크라이스트"의 개봉을 앞두고 많은 사람들은 이 영화 때문에 유대인들을 "그리스도 살해범"으로 여기는 반유대주의가 되살아나지 않을까 우려했다. 그러나 이러한 우려는 근거 없는 것으로 드러났다. 영화가 개봉된 달, "뉴스위크"지는 얻어맞아 피투성이가 된 그리스도로 분장한 영화배우 짐 카비에젤의 클로즈업 사진을 표지로 싣고 "누가 정말 예수를 죽였는가?"라는 머릿기사를 크게 실었다.

이 질문은 정당하다(기사의 의도는 주로 성경의 신빙성에 대한 대중의 신뢰를 허무는 데 있는 듯했지만). 이 질문에 대한 성경의 답변은 너무나 분명하지만 많은 사람들은 그 답변을 여전히 놀라워하는 듯하다.

누가 정말 예수님을 죽였는가?

하나님 아버지는

우리가 만날 어떤 괴로움보다

무한히 큰 고통을 아셨다.

하나님이다.

예수님을 십자가로 보내시고 우리 죄의 무게에 짓눌리게 하신 분은 하나님이다.

몇 년 전, 어떤 목사님이 그 교회 교인에게 일어났던 일을 들려주었다. 그는 아들과 함께 총을 닦고 있었는데 생각할 수 없는 일이 벌어졌다. 실수로 총이 발사되었고 어린 아들이 그 총알에 맞아죽었던 것이다.

이 목사는 넋 나간 아버지와 함께 앉아 간절히 기도했다. 어떻게 위로해야 할지 몰랐기 때문이다. 그러다 그는 주님께서 이렇게 말씀하시는 것을 느꼈다. "내가 이해한다고 말해라. 나도 아들을 죽였다고 말해주어라. 내 경우는 실수가 아니었다고 말해주거라."

하나님 아버지는 우리의 고통을 언제나 이해하신다. 우리가 만날 어떤 괴로움보다 무한히 큰 고통을 갈보리에서 겪으셨기 때문이다.

암울한 시간들

인간의 고통을 과소평가하려는 것은 아니다. 나는 고통을 많이 겪은 사람이 아니다. 그리고 나는 내가 상상할 수 없는 방식으로 고통 받고 있는 사람들을 대해야 할 때 참으로 난감하다. 특히 그들이 상담을 요청하며 찾아올 때는 그야말로 어쩔 줄 모른다. 내가 무슨 말을 할 수 있을까? 나는 경험적으로 내놓을 만한 게 전혀 없다.

그러나 내가 분명히 아는 사실이 있다. 가장 괴로운 순간의 고통에 끝없이 집중해서는 위로를 얻을 수 없다는 사실이다. 우리의 모든 고통에는 신비의 요소가 있고 이생에서 그것을 온전히 이해할 수 없을 것이다. 그런데 우리는 자신의 고통을 되새기고 곱씹고 싶은 미묘한 유혹을 느낀다. 그러나 그 유혹에 넘어가서는 결코 안식과 해방을 누릴 수 없다. 안식과 해방을 얻으려면 십자가와 거기 달리신 하나님에 대해 묵상하는 시간을 더 많이 가져야 한다.

그래서 나는 사람들에게 그리스도의 십자가를 보라고 말한다. 그분의 가장 암울한 시간에 우리에게 보여주신 사랑을 깨닫고 우리의 가장 암울한 시간에 그분의 보살피심을 받는 것은 하나님이 우리에게 맡기신 모든 일을 행할 수 있는 가장 큰 격려와 동인이 되기 때문이다.

시험과 시련, 고난의 암울한 시간은 우리와 우리가 사랑하는 모든 사람들이 겪어야 할 불가피한 것이다.

D. A. 카슨이 지적한 바와 같이, 오래 살다 보면 고통을 겪게 될 것이다. 당신과 나, 그리고 우리가 아는 모든 그리스도인 중 아직 고통을 겪지 않은 사람이 있다면 결국 그도 고통을 겪게 될 것이다. 그것은 타락한 세상에서 누구도 피할 수 없는 경험이다.

그러나 겟세마네와 갈보리를 바라보면 고통에 대비할 수 있게 되고 고통 속에서 지탱할 수 있는 힘을 얻게 된다.

그것은 너무도 뜻밖에 찾아오는 갑작스런 통보들을 감당할 수 있도록 우리를 준비시킨다.

우리 헤어져요.

자네는 해고되었네.

검사결과가 나왔어요…암입니다.

안됐군요. 아이가 죽었습니다.

이곳은 타락한 세상이다. 그러므로 우리 모두는 고통을 겪을 것이다. 그래서 우리는 준비를 해야 한다. 고통에 대해 배울 이상적인 시간은 고통 한가운데 있을 때가 아니기 때문이다.

우리는 고통이 찾아오기 전에 훈련을 받을 필요가 있다. 그래야 고통 가운데 온전히 견딜 수 있다.

비할 수 없는 원천

그러나 이러한 준비를 위해 십자가와 겟세마네를 바라볼 때, 한 가지를 분명히 구별해야 한다. 우리의 고통을 예수님의 고통에 비할 수 없다는 사실이다.

우리는 결코 예수님이
겟세마네에서 당하신 것과 같은 일을

겪지 않을 것이다.

때로 사람들은 자신의 "겟세마네 체험"에 대해 말한다. 그러나 우리는 결코 예수님이 겟세마네에서 당하신 것과 같은 일을 겪지 않을 것이니 우리의 경험을 그런 용어로 표현하지 않는 것이 정중하고 지혜로운 일이다. 당신과 나는 이런 잔을 마실 일이 없을 것이다.

더욱이, 당신과 나는 지금까지 그렇듯 앞으로도 하나님께 버림받지 않을 것이다. 가끔 하나님이 우리를 버리신 것처럼 느껴질 때가 있는 것은 사실이다. 나도 그런 느낌을 받은 적이 있다. 그러나 그것은 믿어서는 안 될 느낌이다. 이 잔을 마셨던 분이 우리에게 "내가 결코 너희를 버리지 아니하고 너희를 떠나지 아니하리라"고 말씀하시기 때문이다. 가끔은 혼자라고 느껴질 때가 있겠지만 진정 혼자일 때는 결코 없을 것이다.

그러나 예수님의 수난은 어려움에 처한 우리가 위로를 얻을 수 있는 가장 귀하고 훌륭한 원천이다. 그분이 내가 앞으로 겪을 그 어떤 고통보다 큰 고통을 겪으셨다면, 훨씬 약한 고통 가운데 있는 나를 위로하실 수 있지 않겠는가? 그렇다. 틀림없이 위로하실 수 있다.

그럼 우리는 고통의 암울한 시간에 새로운 감사를 품고 히브리서 4장 16절을 읽게 된다.

"그러므로 우리는 긍휼하심을 받고 때를 따라 돕는 은혜를 얻기 위하여 은혜의 보좌 앞에 담대히 나아갈 것이니라."

언제나 충분한

겟세마네에서 그리스도의 고뇌가 끝나갈 무렵, 하나님은 천사를 보내셔서 힘을 주신다.

1800년대의 유명한 스코틀랜드의 설교자 알렉산더 화이트는 천국에서 그리스도를 만난 후 그 다음으로 대화를 나눠보고 싶은 대상이 바로 이 천사라고 말한 적이 있다. 화이트의 설명을 들어보자. "혹시 압니까? 천사가 어떤 깊은 고통을 목격했을지 말입니다."

그러나 우리가 극심한 고통 중에 처했을 때 하나님 아버지께서는 천사를 보내지 않으신다.

구세주를 보내신다. 우리는 곤경 속에서 예수님이 주시는 위로와 힘을 얻는다.

영국에서 에이즈로 사망한 최초의 의사는 짐바브웨에서 의료연구를 하던 중 감염된 젊은 그리스도인이었다. 마지막 날이 얼마 남지 않았을 때, 그의 의사소통 능력은 급격히 떨어졌고 자신의 생각을 아내에게 전하기가 점점 더 어려워졌다. 한번은 아내가 그의 말을 전혀 이해할 수 없었다.

그는 메모지를 꺼내
떨리는 손으로 J라고 썼다.

젊은 환자는 메모지를 꺼내 떨리는 손으로 J라고 썼다.
아내는 머릿속을 뒤져 J로 시작하는 단어들을 말해보았지만 들어맞는 것이 없었다.
그러다 그녀가 남편에게 말했다. "Jesus(예수님)?"
그것이 맞는 단어였다.

예수님이 그들과 함께 계셨다. 그것이 그들 두 사람이 알아야 할 전부였다. 그것으로 언제나 충분하기 때문이다.

하루가 아무리 암담해진다 해도, 우리가 겪을 고통이 아무리 극심하다 해도, 예수님이 언제나 함께 하시며…그것으로 충분하다. 하나님의 오른편에 계신 분, 이 지구상에서 유일무이한 고통을 당하신 분이 "항상 살아 계셔서 [우리]를 위하여 간구하"신다(히 7:25).

스펄전은 이렇게 적고 있다. "우리는 구주의 기도에 얼마나 큰 빚을 지고 있는지 거의 알지 못한다. 우리는 천국의 꼭대기에 이르러 주 하나님이 그때까지 우리를 인도하신 지난 길을 되돌아볼 것이고, 사탄이 지상에 끼친 해악을 회복시키신 분을 영원한 보좌 앞에서 끝없이 찬양하게 될 것이다. 그분은 결코 잠자코 계시지 않고 밤낮으로 자기 손의 상처를 가리키며 우리를 변호하시고 우리의 이름을 가슴판에 달고 다니신다. 그분께 어찌 다 감사할까!"[1]

영광스러운 천국에 계시면서도 죽임을 당하신 어린양의 상처는 계속해서 우리에게 축복을 가져다준다. …우리의 가장 암울한 순간에는 더욱 그렇다.

주 하나님, 우리 삶에는 너무나 고통이 많습니다.

우리가 직면하게 될 불가피한 고난에 대비하여

나와 이웃을 준비시킬 힘을 주소서.

그래서 우리가 고통 가운데 당신께 영광을 돌릴 수 있게 하소서.

당신의 아들 예수 그리스도의 십자가를

내 삶의 중심으로 삼을 수 있는 힘을 주소서.

성령의 능력으로

계속 깨어 기도할 수 있도록 도우소서.

십자가 안에서 우리에게 위로를 허락하시니 감사합니다.

하나님, 하나님의 어린양의 희생을 보사

당신의 종들의 눈에서 모든 눈물을 씻으실

당신께 감사합니다.

주 예수님, 내가 당신의 십자가를 자랑하나이다!

8》》 확신과 기쁨

빈손 들고 앞에 가

십자가를 붙드네.

— 오거스터스 타플레이디

월요일 아침이었다. 사무실로 발걸음을 옮기던 나는 비서 중 한 사람인 멜로디를 보았다.

멜로디는 기쁨을 주는 보석 같은 존재이자 활력과 열정의 화신이다. 그녀는 차분하게 말을 하는 법이 없다.

멜로디는 암을 앓고 있다. 화학치료 때문에 머리카락도 다 빠졌다.

그 월요일 아침, 멜로디의 인사에는 평소보다 더욱 열정이 넘쳤다. 그녀가 말했다. "목사님, 어제, 어제…"

그 전날은 우리 교회의 선교기금을 지원하는 특별헌금을 드린, 오랫동안 기다려온 주일이었다. 그날을 준비하며 우리 목회자들은 한 달 동안 우리 교회의 사명과 헌금에 대해 가르쳤다. 내가 27년 동안 섬겨온 메릴랜드 주 게이더스버그의 커버넌트 라이프 교회 교인들은 언제나 아낌없이 기쁨으로 헌금을 해왔는데, 이제 우리는 보다 더 희생적으로 헌금할 것을 요청하고 있었다.

특별헌금이 있는 그 주일이 되었을 때 교인들 사이에는 설렘과 흥분이 넘쳤다. 교인들에게 인사를 하려고 복도에 서 있는 동안 사람들이 몰려들어 지원의사를 밝히고 도울 수 있게 되어 기쁘다고 말했다. 그들은 그 주일을 맞아 너무 기뻐하고 있었다(그들의 들뜬 모습을 보면서 나는 헌금과 관련해서 나 같은 체험을 하는 목회자가 얼마나 될지 궁금해졌다).

바로 다음날 월요일 아침, 멜로디는 우리 모두 하나님의 은혜를 체험한 기억으로 아직도 얼굴이 환했다. 그녀의 눈은 눈물로 젖어 있었다. "우리 교회 역사에서 아주 특별한 주일이었어요. 가진 것을 드릴 수 있는 기회를 주셔서 감사해요!"

그 자리에서 나는 낮은 자가 되어 거룩한 땅에 서 있는 느낌이었다. 멜로디는 죽음을 눈앞에 둔 채 아주 많은 날 동안 자리에 누워 지냈다. 그러나 그녀의 마음속에는 기쁨과 하나님이 주시는 능력이 있었으며 나는 그것이 매우 부럽고 기쁠 따름이었다.

그 기쁨, 그 능력은 어디서 나온 것일까?

멜로디는 겟세마네에서 있었던 일을 묵상했다. 그녀와 고통에 대해 이야기를 나누다 보면 자신이 겪은 어떤 역경보다 그녀를 대신한 구세주의 고통을 더욱 의식하고 있음을 알 수 있었다. 멜로디는 십자가 위에서 그녀를 위해 당하신 구세주의 유일한 수난 때문에 그녀가 말할 수 없는 위로를 받고 있음을 알고 있다. 그녀의 마음에는 하나님께 찬양과 영광을 돌리는 새 노래가 있다.

멜로디가 계속해서 하나님의 은혜와 사랑을 확신할 수 있는 것은 복음 때문이다. 그녀는 하박국 선지자가 알게 되었던 진리를 발견했다. 인생이 말도 안 되는 듯 느껴질 때, 눈에 보이는 것이라곤 자신과 하나님의 백성들에게 다가올 끔찍하고 두려운 고통뿐일 때, 하박국은 이렇게 반응했다. "나는 여호와로 말미암아 즐거워하며 나의 구원의 하나님으로 말미암아 기뻐하리로다."[1] 그는 고통에서 시선을 들어 보다 심각하고 중요한 문제인 구원을 바라보았다.

당신은 극심한 고통을 당할 때 자신의 고통과 구원 중 어느 쪽을 더 의식하는가? 청교도 토마스 왓슨이 깨달은 진실은 우리에게도 언제나 해당될 것이다. "당신의 고통은 당신의 죄만큼 크지 않다. 이 두 가지의 무게를 달아보고 어느 쪽이 무거운지 헤아려 보라."[2]

우리의 죄, 그에 대한 정당한 벌, 그리스도의 죽음을 통해 은혜로 받게 되는 죄 용서, 그리고 구원을 깨달을 때 우리는 고난 가운데서도 즐거워할 수 있다.

하나님의 사랑에 대한 확신

목회자인 나로서는 멜로디와 달리 자신을 향한 하나님의 사랑을 깨닫지 못하는 사람들을 만나는 것만큼 가슴 아픈 일은 없다. 나는 거의 한 주에 한두 명 꼴로 "그리스도께서 나를 사랑하셨고 나를 위해 자기 몸을 버리셨다"는 진리를 체험적으로 이해하지 못한 사람과 얘기를 나누게 된다.

그리스도께서 나를 사랑하셨다…
그리스도께서 나를 위해
자기 몸을 버리셨다.

이것은 사도 바울이 한 말이다. 그는 이렇게 썼다. "내가 그리스도와 함께 십자가에 못 박혔나니 그런즉 이제는 내가 사는 것이 아니요 오직 내 안에 그리스도께서 사시는 것이라 이제 내가 육체 가운데 사는 것은 나를 사랑하사 나를 위하여 자기 자신을 버리신 하나님의 아들을 믿는 믿음 안에서 사는 것이라."[3] 레온 모리스는 이 구절에 대한 주석에서 이 말씀이 "개인적으로 성경 전체에서 가장 감동적이다"라고 말한다.

오스트레일리아의 신학자 피터 젠슨은 이 구절에서 바울이 과거시제를 사용한 것이 매우 중요하다고 지적한다. 흔히 생각하는 것처럼 "그리스도께서 나를 사랑하신다"가 아니라 "그리스도께서 나를 사랑하셨다"라는 것이다. 바울에게 "예수님의 십자가는 언제나 신앙의 원천과 능력, 확신을 얻는 지점, 하나님의 은혜와 사랑에 대한 다른 증거가 필요 없는 확증이었다."[4]

모든 그리스도인은 십자가에 대해 그렇게 말할 동일한 특권이 있다. 그리고 "하나님의 아들이 나를 사랑하셨다…하나님의 아들이 나를 위해 자기 몸을 버리셨다"는 진리를 인격적으로 알 수 있는 특권이 있다. 그렇기 때문에 나는 하나님의 구체적이고, 열렬하고, 인격적인 사랑을 확신하지 못하는 신자를 보면 마음이 아프다.

싱클레어 퍼거슨은 우리가 하나님의 은혜를 확신하지 못하는 이유는 "하나님이 그것을 드러내신 지점에 초점을 맞추지 않기 때문"이라고 말한다.[5] "그 지점"은 십자가가 분명하다.

너무도 많은 것들이 끊임없이 우리를 유혹해 십자가에서 눈을 돌리게 만든다. 그러나 올바른 지점에 초점을 맞추지 못하면 심각한 결과가 나타난다. 여기서 질문을 하나 하겠다.

지난 주, 당신의 주된 관심사는 무엇이었는가? 신앙생활의 초점은 무엇이었는가? 하나님이 당신을 향한 사랑을 가장 분명하게 드러내신 지점, 십자가였는가, 아니면 당신의 상황, 조건, 관심사였는가? 혹시 당신의 관심사는 개인적인 경건의 추구였는가? 우리는 경건을 추구해야 하지만 그것이 십자가에 대한 즐거운 감사와 별개로 이루어져서는 안 된다.

그래서 나는 영혼의 식단에 십자가에 대한 공부를 꾸준히 포함시킨다(당신도 그렇게 했으면 좋겠다). 십자가 공부의 자료는 주로 성경이지만 올바른 성경적 견해로 십자가에 대해 쓴 양서들도 좋은 자료이다.[6] 십자가와 직결된 영감과 가르침을 받지 않고 지나가는 시간이 길어지지 않도록 하라. 십자가에서 우리를 향한 하나님의 사랑을 새롭게 확신하고 유지할 수 있기 때문이다.

마르틴 루터는 복음을 "거듭거듭" 가르친다고 쓴 적이 있다. "왜냐하면 우리가 방심하고 쉴 때 그것이 금세 잊혀지고 사라져버릴까 크게 두렵기 때문이다." 나 역시 우리가 십자가에 대해 들은 후, 그것을 묵상하며 우리에게 필요한 지속적인 힘과 확신을 얻는 대신 방심하고 쉬다가 자기도 모르는 사이 잊어버릴까 심히 두렵다.

방심하고 쉬다가
자기도 모르는 사이
잊어버릴 것인가?

우리는 어느 순간 십자가를 잊어버리고 율법주의와 자기노력에 의지하는 질긴 성향이 있다. 그 위험은 무척 집요하다.

그래서 나는 제리 브리지스가 그의 책 「은혜의 훈련」에서 말한 것처럼 매일 "자신에게 복음을 전하라"고 권하고 싶다. 그것은 "자신의 죄성을 계속해서 직시하고 예수님이 흘리신 피와 그분의 의로운 삶에 대한 믿음을 통해 그분께로 달아나는" 것을 뜻한다.[7]

자신에게 복음을 전함으로써 우리는 스펄전의 간결한 주장을 쉽게 받아들이게 된다. "예수님이 '구원하기에 능하시다'는 가장 분명한 증거는 그분이 이미 당신을 구원하셨다는 사실이다."[8]

기쁨을 개발하기

자신에게 복음을 전하면 필연적으로 두드러진 기쁨, 전염성 있는 기쁨, 한결같은 기쁨을 얻게 될 것이다.

복음은 다른 무엇보다 큰 기쁨을 준다. 복음은 우리 기쁨의 원천이자 기쁨의 대상이기도 하다. 복음만이 "기쁨으로 여호와를 섬기"[9]라는 성경의 명령을 따를 수 있게 해 준다.

기쁨은 명령이다. 열심히 봉사하고 신실하게 주님을 섬기되 기쁨으로 섬기지 못하고 있다면, 주님을 올바로 섬기지 못하거나 제대로 알지 못하고 있는 것이다.[10]

당신은 기쁨을 누리고 사는가? 여호와를 기뻐하는 일이 곧 당신의 힘인 것을 아는 사람인가?[11] 아니면 눌려 있고, 바쁘고, 쉽사리 짜증을 내는 사람인가?

제자들이 선교여행을 성공적으로 마치고 예수님께로 돌아와 신이 나서 "주여 주의 이름으로 귀신들도 우리에게 항복하더이다"라고 보고하자 예수님은 이렇게 대답하셨다. "귀신들이 너희에게 항복하는 것으로 기뻐하지 말고 너희 이름이 하늘에 기록된 것으로 기뻐하라."[12] 예수님의 말씀은 사역의 성공에서 얻는 기쁨을 과소평가하시는 것이 아니었다. 다만 그분은 제자들이 그러한 기쁨에만 함몰되지 않고 가장 중요한 기쁨, 즉 영적 능력을 체험하는 것보다 우선하는 기쁨에 관심을 기울이길 원하신 것이다. 우리의 이름을 하늘에 기록해 주는 복음에서 나오는 기쁨 말이다.

당신이 복음과 십자가를 삶의 중심으로 삼고 있다면, 스펄전이 말한 것처럼 십자가를 굳게 붙들고 그리스도의 상처의 신비를 헤아리고 있다면, 당신은 기쁨에 사로잡히게 될 것이다.

그런 상태로 세상을 떠나게 된다면 그보다 더 좋은 일이 어디 있겠는가?

그러니 끊임없이 복음을 묵상하라. …그리하여 이 기쁨을 개발하라. 언제나 십자가를 마음의 보물로, 가장 귀하고 고상한 생각의 대상으로…그리고 열렬한 관심사로 삼으라.

"빈손 들고 앞에 가 십자가를 붙드네."
주님, 빈손으로 당신께 나아갑니다.
내 의를 당신께 가져가지 않습니다.
그 얼마나 우스운 짓이겠습니까!
생각만으로도 얼마나 불쾌하시겠습니까.

아닙니다, 용서가 필요한 죄만 있을 뿐
빈손으로, 빈손으로 당신께 나아갑니다.

당신의 보혈로 가득 찬 샘에서

흘러나오는 은혜를 얻고자

영혼의 빈곤함과 무력함을 안고 당신께 나아갑니다.

그저 당신의 십자가에 매달립니다.

오 주 예수 그리스도여, 내 팔로

전심으로 당신의 십자가를 감쌉니다.

예수님, 나를 사랑하시니 감사합니다.

나를 위해 몸을 버리셨으니 감사합니다.

당신의 사랑과 용납하심 안에서 내가 기뻐합니다.

후주

여는 글. 신비 헤아리기
1. 롬 10:17
2. 갈 3:1
3. 엡 3:8
4. David Prior, *Message of 1 Corinthians: Life in the Local Church* (Downers Grove, Illinois: InterVarsity Press, 1985), 51.
5. Charles H. Spurgeon, *Morning and Evening*, January 4, evening meditation.
6. Spurgeon, 설교 "Wherefore Should I Weep?" (October 22, 1876, Metropolitan Tabernacle).

1. 하나님의 질서
1. 약 4:6, 벧전 5:5
2. 이번 장에서 마틴 로이드 존스의 인용문은 *Spiritual Depression: Its Causes and Its Cures*(Grand Rapids: Eerdmans, 1965)의 탁월한 한 장에서 인용한 것이다. (「영적 침체」, 순출판사 역간).
3. 스펄전은 그로부터 몇 년 후 런던의 메트로폴리탄 테버너클 교회에서 행한 "All of Grace"라는 제목의 설교에서 이 이야기를 회상했다.

2. 하나님의 딜레마

1. 눅 17:11-13
2. 딤전 1:17
3. 딤전 1:9-10
4. 딤전 1:13
5. 딤전 1:15
6. 딤전 2:4
7. 욥 9:2, 32(현대인의 성경)
8. 욥 9:33-34(현대인의 성경)

3. 하나님의 구원

1. 히 9:22
2. 딤전 2:5-6
3. J. I. Packer, *God's Words: Studies of Key Bible Themes* (Grand Rapids: Baker, 1998), 109.
4. R. C. Sproul, *Saved from What?* (Wheaton, Illinois: Crossway Books, 2002).(「구원의 의미」, 생명의말씀사 역간).
5. John R. W. Stott, *The Cross of Christ* (Downers Grove, Illinois: InterVarsity Press, 1986), 15.
6. Ron Rodes, *Christ Before the Manger* (Eugene, Oregon: Wipf & Stock Publishers, 2002), 205.

4. 잔 들여다보기

1. 막 14:32

2. 막 14:33

3. 막 14:34-35

4. 요 13:21

5. 막 14:27-28

6. 막 10:32

7. Katherine A. M. Kelly, "Give Me a Sight, O Savior."

8. 막 14:36

9. 눅 22:44

10. 시 11:6

11. 렘 25:16

12. William Lane, *Commentary on the Gospel of Mark* (Grand Rapids: Eerdmans, 1974), 516.

5. 군중 속 당신의 얼굴

1. 막 14:41-42(표준새번역)

2. 눅 22:43(표준새번역)

3. 마 27:12-14(표준새번역)

4. 막 10:45

5. 마 27:15-17

6. 마 27:19

7. 마 27:20(표준새번역)

8. 마 27:21-23

9. 눅 23:23

6. 저주받은 자의 절규

1. 마 27:28-30
2. 마 27:39-42
3. John R. W. Stott, *The Cross of Christ* (Downers Grove, Illinois: InterVarsity Press, 1986), 59-60. (「그리스도의 십자가」, IVP 역간).
4. 눅 23:34
5. Richard Allen Bodey, *Voice from the Cross: Classic Sermons on the Seven Last Words of Christ* (Grand Rapids: Kregel, 2000), 57-8.
6. R. C. Sproul, 84.
7. 고전 15:20, 17
8. 롬 8:34

7. 하나님은 이해하신다

1. Charles H. Spurgeon, *Morning and Evening*, January 11, evening meditation.

8. 확신과 기쁨

1. 합 3:18
2. Thomas Watson, *The Art of Divine Contentment*.
3. 갈 2:20
4. Peter Jensen, "The Cross & Faith: The Good News of God's Wrath," *Christianity Today*, March 2004, 45.
5. Sinclair Ferguson, *Grow in Grace* (Carlisle, Pennsylvania: Banner of

Truth, 1989), 59.

6. Jerry Bridges의 *The Gospel for Real Life*, *The Discipline of Grace*, John Stott의 *The Cross of Christ*,(「그리스도의 십자가」, IVP 역간) R. C. Sproul의 *Saved from What?*(「구원의 의미」, 생명의말씀사 역간), John Piper의 *The Passion of Jesus Christ*, Philip Ryken의 *The Message of Salvation*을 추천한다.

7. Jerry Bridges, *Discipline of Grace* (Colorado Springs: NavPress, 1994), 58.

8. Charles H. Spurgeon, *Morning and Evening*, January 14, evening meditation.

9. 시 100:2

10. 신 28:47 참조

11. 빌 4:4, 느 8:10

12. 눅 10:17-20

21c 교회성장과 축복의 통로

교회진흥원 은 기독교한국침례회 총회의 교육, 문서선교 기관으로서 교회의 교육, 목회, 선교활동에 관한 실제적인 연구와 프로그램 개발, 기독교 정보를 제공하고, 자료 출판 및 보급사역을 하고 있습니다.

· 각 연령별 교회학교 공과, 구역공과, 제자훈련 교재. 음악도서를 기획, 출판하고 이와 관련된 각종 강습회를 실시합니다.
· 요단출판사를 운영하며 매년 70여 종의 각종 신앙도서와 제자훈련 교재를 기획, 출판합니다.
· 서울과 대전에 직영서점을 운영하고 있습니다.

 요단출판사 의 사역정신

그리스도인들의 올바른 신앙성장과 영성 개발에 필요한 신앙도서를 엄선하여 출판, 보급함으로써 이 땅에 하나님나라 확장을 위해 헌신하고 있습니다.

· **F**or God For Church
  하나님과 교회의 유익을 위하여 도서를 기획 출판합니다.
· **O**nly Prayer
  오직 기도뿐이라는 자세로 사역합니다.
· **W**ay To Church Growth & Blessings
  교회성장과 축복의 통로가 되기 위해 사명을 감당합니다.
· **G**ood Stewardship & Professionalism
  선한 청지기와 프로정신으로 사역합니다.
· **C**reating Christianity Culture & Developing Contents
  각종 문화 컨텐츠를 개발함으로 기독교 문화 창달에 기여합니다.

직영서점

요단기독교서적 서울특별시 서초구 신반포로 205 반포쇼핑타운 6동 2층
교회용품센타   TEL 02)593·8715~8 FAX 02)536·6266 / 537·8616(용품)
대전침례회서관 대전광역시 동구 태전로 16
                    TEL 042)255·5322, 256·2109 FAX 042)254·0356
요단인터넷서점 www.jordanbook.com

"그러므로 너희는 가서 모든 민족을 제자로 삼아 아버지와 아들과 성령의 이름으로 침(세례)를 베풀고 내가 너희에게 분부한 모든 것을 가르쳐 지키게 하라 볼지어다 내가 세상 끝날까지 너희와 항상 함께 있으리라 하시니라." _마 28:19~20